인터넷의 검은 유혹에서 우리 아이@ 지키기

인터넷의 검은 유혹에서 우리 아이@ 지키기

주석진

이담 Books

●

우리는 지금의 현대사회를 지식정보화시대 혹은 디지털시대라고 말하고 있습니다

이는 그만큼 인터넷 환경이 급속도로 변화하고 있음을 반증하는 것이라 하겠습니다. 하지만 그에 따른 역기능도 심각한 것이 지금의 현실입니다. 그중 대표적인 것이 인터넷 중독인데 우리나라 청소년 10명 중 4명이 인터넷 사용에 관한 문제를 가지고 있을 정도로 청소년의 인터넷 폐해는 매우 심각한 상황입니다. 지금 여러분의 자녀는 어떻습니까? 과도한 인터넷 사용으로 인해 자녀에게 화를 내거나 야단치지는 않으셨습니까? 아니면 자녀의 인터넷 사용을 중단시키기 위해 어르고 달래다 지치신 적은 없으셨습니까? 그것도 아니면 자녀가 인터넷을 어떻게 사용하는지 알지 못하거나 무관심하고 있지는 않으십니까?

지금의 많은 아이들이 인터넷 게임, 채팅, 음란물 등에 빠져 자신의 몸과 마음을 망가뜨리고 있습니다. 아이들을 인터넷 중독에 빠지지 않게 하려면 먼저 부모가 자녀를 이해하고 컴퓨터와 인터넷에 대해 알아야 합니다.

저는 아이들이 다른 누구를 위해서가 아닌 바로 자신을 위해 인터넷을 건전하고 유익하게 사용할 수 있도록 도와주고 싶어서 부모와 자녀가 함께 보고 활동할 수 있는 책을 준비하게 되었습니다.

이 책은 한 아이의 이야기를 중심으로 자녀가 스스로 자신의 인터넷 사용실태를 점검하고, 인터넷을 올바르게 사용하는 방법을 설명하고 있으며 더불어 부모님이 어떻게 하면 자녀의 인터넷 사용을 효과적으로 올바르게 지도할 수 있는지에 대한 조언과 방법을 제시하고 있습니다.
아무쪼록 이 책이 인터넷과 관련하여 자녀와의 어려움을 겪고 있는 부모님과 아이들에게 조금이나마 도움이 되기를 진심으로 바랍니다.

주석진

자녀편

학부모편

부록

인터넷의
검은 유혹에서
우리 아이
지키기

_자녀편

"인터넷 좀 그만 하렴."

"공부는 언제 할래?"

"또 컴퓨터 하는 거니?"

제 1 장

나에게 정말 문제가 있는 건가요?

인터넷에 빠져 사는 아이, 현진이

저희 엄마는 매일 아침이면 "현진아, 얼른 일어나 학교에 가야지."라고
하시며 저를 깨우세요. 오늘 아침도 마찬가지였지요. 하지만 전 어제 밤늦
게까지 인터넷 게임을 해서 너무 피곤했고 그래서 좀 더 자려고 자리에서
일어나지 않았죠. 그런데 어제 일을 잘 모르시는 저희 엄마는 또 저의
이름을 부르며 "현진아, 지각하니까 얼른 씻고 아침밥 먹어."라고 하시는
거예요. 전 너무 귀찮아서 능청을 부렸어요. 그런데 왜 이렇게 시간이 빨리
지나가는 건지…… 시계를 보았더니 벌써 등교시간이 다 되었더라고요.
전 지각할까 봐 엄마가 차려 준 아침식사도 안 하고 헐레벌떡 뛰어 학교에

인터넷의 검은 유혹에서 우리 아이 지키기

갔어요. 하지만 결국 지각을 했고 교실 앞에서 재수 없게 선생님께 딱 걸리고 말았죠. '아, 이제 난 죽었구나!' 초조한 마음으로 선생님을 쳐다보았는데…… 다행히도 선생님께서는 저를 야단치지 않으셨어요. 그런데 선생님께서 잠시 무언가를 생각하시더니 갑자기 저에게 이렇게 말씀하시는 거예요. "현진아, 너 오늘 숙제는 해 왔니?" 순간 '아차!' 하는 생각이 들었죠. 그런데 선생님은 거기에 한마디 더 "그럼 오늘 미술시간 준비물은 가져왔니?" 하며 물으시는 거예요. 정말 생각하기 싫은 최악의 상황이었어요. 어제 밤늦게까지 인터넷 게임을 하느라 해야 할 숙제와 오늘 가져와야 하는 준비물을 모두 까맣게 잊고 있었거든요. 선생님께서는 화가 나셔서 "현진이 너 정말 공부하기 싫은 거니? 저번에도 숙제 안 해 오고 말이야." 하며 저를 꾸짖으셨어요. 제가 거기서 선생님께 무슨 이야기를 했냐고요? 아니요. 전 할 말이 없어서 그저 고개만 숙이고 서 있었답니다. 여러분도 아시다시피 제가 잘못한 게 너무 많잖아요.

전 매일 학교에 갔다 오면 제일 먼저 컴퓨터를 켜요. 제가 좋아하는 인터넷 게임을 하기 위해서죠. 처음에는 조금만 사용했었는데 지금은 누가 그만하라고 이야기하지 않으면 거의 매일 하게 돼요. 그래서인지 요즘 엄마는 제가 공부는 안 하고 컴퓨터만 한다고 자주 잔소리를 하시네요. 처음에는 그냥 참았었는데 엄마가 컴퓨터만 하면 뭐라고 하시니까 화가 조금씩 나기 시작하더라고요. 그런데도 엄마는 저에게 매일같이 "이제 인터넷 그만해야지.", "숙제는 했니?", "공부는 언제 할 거니?" 하며 잔소리를 하시는 거예요 오늘은 너무 화가 나서 "엄마는 매일 내가 컴퓨터만 하면 뭐라고 그래." 하며 엄마에게 큰 소리를 질렀어요. 그랬더니 엄마도 화가 나셨는지 "현진이 너! 이제 컴퓨터 그만하라고 그랬지." 하며 컴퓨터를 확 꺼 버리시는 거예요. 이제 레벨업이 얼마 안 남았었는데……. 전 더 이상 화를 참을 수가 없어서 문을 꽝! 닫고 밖으로 뛰쳐나갔어요. 엄마가 뒤에서 "현진아~, 현진아~." 하고 계속 부르는데도 말이에요 혹 여러분도 저와 같은 경험이 있으신가요?

나랑 비슷한 게 있는지 찾아보아요

나와 비슷한 게 어떤 것들이 있는지 부모님과 함께 체크해 보세요.

- 집에 오면 저도 모르게 컴퓨터를 켜고 인터넷을 해요. ☐
- 인터넷을 하는 시간이 점점 늘어나고 있어요. ☐
- 한번 하면 오랫동안 인터넷을 해야만 기분이 좋아져요. ☐
- 부모님께서 그만하라고 하지 않으면 자주 또는 오랫동안 인터넷을 해요. ☐
- 인터넷 시간을 줄이려고 노력은 하지만 잘 안 돼요. ☐
- 인터넷을 하느라 잠을 못 자거나 식사를 거른 적이 있어요. ☐
- 밤늦게 인터넷을 해서 학교에 지각(또는 결석)을 하거나 숙제를 안 하거나 준비물을 잊어버릴 때가 많아요. ☐
- 공부도 친구들과 노는 것도 별로 재미가 없어요. ☐
  (하지만 친구들과 함께 인터넷을 하는 것은 정말 재미있어요)
- 오랜 시간 인터넷을 하는 것 때문에 부모님 또는 선생님께 자주 혼나요. ☐
- 인터넷을 하고 있지 않을 때에도 빨리 하고 싶은 마음이 들어요. ☐
  (학교나 학원에서 공부를 할 때도 빨리 끝나고 인터넷 게임을 하고 싶은 마음이 들어요.)
- 인터넷을 하지 않으면 불안하고 수시로 이메일이나 특정사이트
  (미니홈피, 블로그, 카페, 게임 사이트 등등)를 들어가 확인을 해 봐요. ☐
- 인터넷이 갑자기 연결되지 않으면 신경질이 나고 불안해요. ☐

위의 내용 중에서 6개 이상이 나왔다면 한번 자신의 인터넷 사용을 돌아보는 게 좋을 거 같아요. 그렇다고 너무 걱정하지는 말고요. 계속 이 책을 읽고 따라해 보면 좋을 결과가 있을 거예요.

나는 무엇일까요?

나는 요즘 많이 사람들과 함께합니다.
나는 사람들에게 도움이 되기도 하지만 어려움을 주기도 합니다.
나는 전적으로 당신의 명령을 따릅니다.
당신은 나를 이용해 이익을 얻을 수도 있지만 손해를 볼 수도 있습니다.
누군가는 나를 정보의 바다라고도 합니다.
당신은 나를 쉽게 사용할 수 있습니다.
하지만 나를 너무 많이 사용하면 당신은 오히려 나에게 길들여질 수 있습니다.
나를 건전하고 적절하게 사용해 주세요.
그러면 당신의 꿈을 이루는 데 큰 도움을 주겠습니다.
하지만 너무 많이 사용하면 당신의 꿈을 파괴할지도 모릅니다.
나는 누구일까요?

정답:___________

〈활동해 보기 1〉

현진이의 이야기를 읽고 인터넷으로 인해 겪고 있는 현진이의 어려움을 찾아서
빨간 펜으로 밑줄을 그어 보고 자신과 비슷한 점을 찾아서 적어 보세요.

〈현진이의 이야기〉

학교에 갔다 오면 난 매일 컴퓨터를 한다. 내가 좋아하는 게임을 하기 위해서
다. 처음에는 조금만 했는데 지금은 누가 그만하라고 이야기하지 않으면 거의
매일 한다. 요즘은 엄마가 내가 컴퓨터를 너무 많이 한다고 잔소리를 많이 하신
다. 처음에는 그냥 참았는데 엄마가 자꾸 컴퓨터만 하면 뭐라고 하니 기분이 나
빴다. 그런데 엄마의 잔소리는 매일 계속됐다. 하루는 너무 화가 나서 "엄마는
매일 나한테 컴퓨터를 하지 말라고 그래." 하며 소리를 질렀다. 그러자 엄마는
"너 이제 그만하라고 했지." 하며 컴퓨터를 그냥 꺼 버렸다. 나는 더 이상 화를
참을 수가 없어서 문을 꽝 닫고 밖으로 뛰쳐나갔다. 엄마가 뒤에서 "현진아!"
하고 부르는데도 무시하고…….

<u>나와 비슷한 점 적어 보기!</u>

1.

2.

3.

〈활동해 보기 2〉

부모님과 함께 인터넷을 많이 사용했을 때 우리 몸에 미치는 나쁜 점을 찾아보도록 해요.

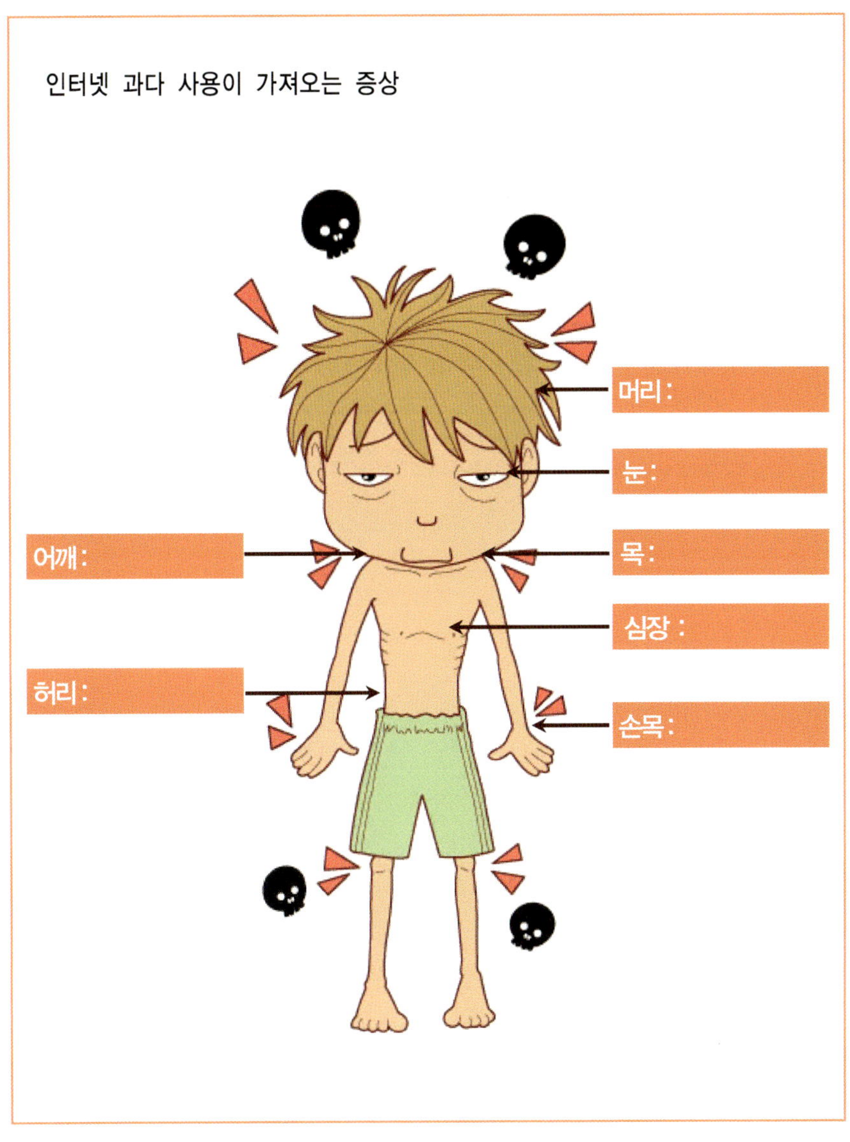

"인터넷 좀 그만 하렴."

"공부는 언제 할래?"

"또 컴퓨터 하는 거니?"

제 2 장

거짓말쟁이 현진이

"현진아, 얼른 씻고 밥 먹어야지. 학교 지각하겠다."

"잠깐만요. 지금 준비물 챙기고 있어요."

얼마의 시간이 지났는데 엄마가 제 방으로 들어오셨어요.

"준비물 챙긴다며 아침부터 컴퓨터 게임이니? 컴퓨터 끄고 얼른 씻어."

우리 엄마는 매일 아침 저만 보면 이렇게 잔소리부터 해요. 늦잠을 잔다고, 아침부터 컴퓨터를 한다고, 숙제는 했냐고 등등 말이에요.

컴퓨터를 막 끄려고 하는데 갑자기 저의 레벨이 어느 정도인지 궁금해졌어요. 어제 조금만 더 했으면 거의 레벨업을 할 수 있었거든요. 전 잠시 고민하다가 게임 사이트에 들어가서 저의 레벨수준을 살펴보았어요. 그런데

보다 보니까 갑자기 게임을 하고픈 생각이 들었어요. "엄마가 뭐라고 하기 전에 딱 한 판만 해야지." 하고 마음먹고 게임을 막 시작했는데 시계를 보니 금방 15분이 흘렀어요. "왜 이렇게 시간이 빨리 가는 거야." 하고 생각을 하고 있는데 갑자기 엄마의 말이 생각나지 않겠어요. "이크! 엄마한 테 또 잔소리 듣겠구나." 전 재빨리 화장실에 가서 씻고 방으로 돌아왔어요. 그런데 책상 위에 어제 선생님께 받은 숙제 유인물이 놓여 있지 뭐예요. 어제 했어야 했는데 게임을 하느라 또 잊고 있었던 거죠. 때늦은 후회가 들었어요. 오늘까지 해 가야 하는 숙제였거든요. "오늘 안 해 가면 선생님 께 많이 혼날 텐데." 전 선생님께 혼나는 게 싫어 책상에 앉아 숙제를 하려 고 했어요. 그런데 그때 엄마가 저의 방으로 들어오셨어요. 엄마는 숙제를 하려고 하는 저를 보고 화가 나셨는지 "현진이 너 아직도 학교 갈 준비 안 하고 도대체 뭐하는 거니? 엄마가 씻고 밥 먹으라고 한 적이 언제야? 그리고 왜 지금 숙제를 하는 거야?" 하며 호통을 치셨어요. 저는 엄마의 잔소리를 더 듣는 것이 짜증나서 "알았어요. 지금 가면 되잖아요." 퉁명스 럽게 이야기하고 바로 집을 나와 학교에 갔어요. 그렇지만 너무 늑장을 부려 또 지각을 하고 말았죠. 요즘 들어 전 늘 지각만 하고 있답니다. 그래 서인지 친구들은 저를 우리 반 지각대장이라고 자꾸 놀려요. 이럴 때면 전 너무 기분이 나빠져요. 제가 어떻게 하면 좋을까요?

check check

나랑 비슷한 게 있는지 찾아보아요

나와 비슷한 게 어떤 것들이 있는지 부모님과 함께 체크해 보세요.

- 공부를 하다가도 인터넷 생각을 하는 경우가 많아요. ☐
- 자주 지각을 하거나 수업시간에 조는 일로 선생님께 자주 혼나요. ☐
- 인터넷을 하느라 숙제를 잘 잊어버려요. ☐
- 학교 가기 전에 인터넷을 해서 부모님께 자주 혼나요. ☐
- 인터넷으로 인해 성적이 많이 떨어졌어요. ☐
- 주변 사람에게(친구, 부모님 등) 욕을 자주 사용하고 사소한 일에도 짜증을 잘 내요. ☐
- 준비물 챙기는 것을 자주 잊어버려요. ☐
- 수업시간에 멍하게 있거나 집중하지 못하는 일이 많아요. ☐
- 친구와 함께하는 것보다 인터넷상의 친구와 함께하는 것이 더 재미있어요. ☐
- 방과 후에 자주 PC방에 가요. ☐

여러분과 비슷한 것이 몇 개가 나왔나요? 4개? 5개? 이런 문제들은 여러분들만 가지고 있는 것이 아니에요. 요즘 인터넷을 사용하는 여러분 또래의 친구라면 누구나 몇 개쯤은 표시를 했을 거예요. 하지만 아무래도 표시한 개수가 많으면 주변에서(부모님, 선생님, 친구 등) 인터넷을 너무 많이 사용한다는 이야기를 들을 거예요. 그러나 너무 걱정 마세요. 지금부터 차근차근 고쳐 나가면 되니까요.

〈이렇게 해 보아요〉

시간관리 잘하기

- 책상부터 깨끗하게 정리를 해 보세요.
- 지킬 수 있는 계획표를 세워서 실천해 보세요.
- 학교에서 쉬는 시간, 점심시간을 최대한 잘 이용해 보세요.
  (하루 15분의 힘＝1년간 책 한 권 저술. 악기 배우고 중급 회화 가능. 3년간 어떤 일의 전문가가 됨. 40년간 책 1,000권을 읽는 효과)
- 시간이 날 때마다 자신에게 시간을 잘 활용하고 있는지 질문을 해 보세요.
- 중요한 일은 먼저 해 보세요.
- 나만의 메모장을 만들어 해야 할 일을 적어 보세요.
- 무엇이든지 긍정적으로 생각하세요. 긍정적인 태도는 공부에 많은 도움이 된답니다.
- 공부 후에는 적절한 휴식시간을 가져 보세요. 우리의 몸은 리듬을 타요. 적절한 휴식은 몸의 좋은 상태를 유지해 준답니다.

학교생활 잘하기

- 집에 오면 우선 해야 할 숙제부터 시작하세요.
- 숙제를 하기 전에는 방해가 될 수 있는 것은 최대한 치워 놓으세요(예를 들어 지저분한 책상을 청소하고 시작한다든지, 조용한 분위기를 위해 TV나 라디오는 켜지 않는다든지, 집중을 위해 MP3를 들으면서 하지 않는다든지).
- 알림장에 적은 숙제와 준비물을 방에 있는 메모판에 모두 적어 보세요. 그리고 숙제를 다 마치거나 준비물을 다 준비하면 체크를 해 두도록 해요.

- 숙제를 한 후에는 잠시 휴식시간을 가져 보세요(그렇다고 휴식시간에 게임을 해서는 안 되겠죠?).
- 어려운 숙제가 있으면 혼자 고민하지 말고 부모님께 도움을 청해 보세요.
- 정해진 시간에 잠을 자 보세요. 잠을 충분히 자면 건강도 좋아진답니다.
- 학교 가기 전에는 TV, 책을 보지 않고 컴퓨터도 하지 않기로 해요.

부모님과 잘 지내기

- 부모님의 이야기를 잘 들으세요.
- 부모님께서 원하지 않는 일을 억지로 하지 않도록 해요.
- 자신이 원하는 것이 있을 때는 솔직하게 부모님께 이야기를 해 보세요.
- 부모님께서 불쾌하지 않도록 투정이나 짜증을 내지 않도록 해요.

〈활동해 보기〉

부모님과 함께 자신만의 생활계획표를 만들어 보세요.

나만의 생활계획표

시간 \ 요일	월	화	수	목	금	토	일
06:00 – 07:00							
07:00 – 08:00							
08:00 – 09:00							
09:00 – 10:00							
10:00 – 11:00							
11:00 – 12:00							
12:00 – 13:00							
13:00 – 14:00							
14:00 – 15:00							
15:00 – 16:00							
16:00 – 17:00							
17:00 – 18:00							
18:00 – 19:00							
19:00 – 20:00							
20:00 – 21:00							
21:00 – 22:00							
22:00 – 23:00							
23:00 – 24:00							

★ 자신이 적당하다고 생각하는 인터넷 사용 시간은? (일주일 동안): _____시간
★ 자신이 적당하다고 생각하는 인터넷 사용 시간은? (하루 동안): _____시간

레벨 업!!

"인터넷 좀 그만 하렴."

"공부는 언제 할래?"

"또 컴퓨터 하는 거니?"

제 3 장
졸리기만 한 수업시간

매일 반복되는 수업, 전 공부가 정말 하기 싫어요. "하루 종일 게임만 할
수는 없을까?" 오늘 수업이 다 끝나려면 아직도 멀었는데, 끝까지 수업을
할 생각을 하니 너무 힘이 드네요.
제가 정말 싫어하는 수학 시간,
"각자 이 문제를 풀어 보세요."라고 선생님께서 이야기하셨어요.
그런데 제가 싫어하는 수학문제를 보니 점점 정신이 몽롱해지면서 조금씩

인터넷의 검은 유혹에서 우리 아이 지키기

눈이 감기더라고요. 어제 늦게까지 게임을 했더니 많이 피곤했었나 봐요. 그때 저의 모습을 본 선생님께서 "현진이 너 문제 안 풀고 자는 거니?"라고 화를 내셨어요. "아니에요, 선생님. 전 잔 게 아니라 잠깐 졸았을 뿐이에요." 라고 이야기했죠. 선생님께서는 제가 거짓말을 한다며 어제 밤늦게까지 뭐했냐고 저를 혼내셨어요. "쳇! 정말 잔 게 아니라 잠시 졸았을 뿐인 데……." 선생님께서는 요즘 늘 저만 가지고 뭐라고 그러셔요. 선생님께 혼나니 공부는 하기 싫어지고 게임 생각만 더 나더라고요. 조금만 더 하면 이제 레벨업이 되는데……. "아~ 게임하고 싶다. 하루 종일 게임만 할 수 있으면 얼마나 좋을까?" 하고 잠시 생각을 하고 있는데 그때 어디선가 저를 부르는 목소리가 들렸어요. "현진아, 현진아……", "현진이 너! 선생 님이 아까 뭐라고 그랬니?" 선생님 목소리에 깜짝 놀라 정신을 차려 보니 선생님께서 바로 제 옆에 계셨던 거예요. 저도 모르게 또 졸았나 봐요.

나랑 비슷한 게 있는지 찾아보아요

나와 비슷한 게 어떤 것들이 있는지 부모님과 함께 체크해 보세요.

- 수업시간에 인터넷 생각을 한 적이 많다. □
- 수업시간에 해 와야 할 숙제를 안 해 온 적이 많다. □
- 수업시간에 멍하게 있거나 집중하지 못하는 일이 많다. □
- 선생님께서 하시는 말씀을 잘 듣지 못한다. □
- 준비물 챙기는 것을 자주 잊어버린다. □
- 수업시간에 선생님께 자주 혼난다. □
- 인터넷으로 인해 자주 지각을 한다. □
- 인터넷을 하고 싶어 수업에 빠진 적이 있다. □
- 인터넷으로 인해 성적이 많이 떨어졌다. □

여러분은 몇 개나 표시를 했나요? 조금 심한 경우라면 인터넷으로 인해 수업시간이나 공부를 하는 데 지장이 있어 '수업시간에 선생님께 자주 혼난다.'거나 '인터넷으로 인해 자주 지각을 한다.'는 항목에 표시를 했을 거예요. 하지만 별로 심하지 않다면 '수업시간에 멍하게 있거나 집중하지 못하는 일이 많다.'거나 '수업시간에 인터넷 생각을 한 적이 많다.'는 항목에 표시를 했을 거예요.
만약 위 9개 항목 중 5개 항목 이상을 표시하였다면 인터넷으로 인해 공부를 하는 데 지장을 많이 받고 있다는 거예요. 지금 상황이 지속되면 선생님께 혼나는 경우도 많고 공부는 하기 싫어지고 결국 학교에 가기 싫어질 수도 있어요. 그렇다면 이렇게 되지 않기 위해서는 어떻게 해야 할까요?

〈이렇게 해 보아요〉

수업시간에 집중하는 방법

- 숙제와 준비물은 미리미리 준비를 해 놓으세요.
- 학교에 핸드폰, MP3, 게임기, 장난감, 만화책 등은 가지고 가지 말기로 해요.
- 책상에는 수업시간에 필요한 것만 꺼내 놓으세요.
- 수업시간 전에 머리를 말끔히 비우세요. 스스로 수업에만 집중을 하겠다고 다짐을 하세요.
- 쉬는 시간에는 기지개도 하고 화장실도 미리 다녀오도록 해요.
- 선생님이 말씀하실 때는 선생님 말씀에만 집중을 해요.
- 짝이나 다른 친구가 말을 걸거나 장난을 치면 무시를 하거나 짧게 대꾸하고 수업에 집중을 하세요.
- 스스로 수업시간에 집중을 하려고 노력하세요. 오른손이 딴짓을 하려고 하면 왼손으로 손목을 잡아서라도 못 하게 하세요.
- 수업시간에 열심히 참여하려고 노력해 보세요. 궁금한 것이 있으면 적극적으로 질문도 해 보세요.
- 수업시간에 친구에게 할 말이 있으면 쉬는 시간에 하도록 해요.

<활동해 보기>

앞으로 달라져 있을 자신을 기대해 보고 칭찬하는 편지를 써 보세요.

TO. 미래의 _______에게

201__년
__월 __일
과거의
______가

제 4 장

짜증과 화를 잘 내는 현진이

선생님, 제 잘못이 아니에요

오늘은 정말 최악의 날이에요. 어제 늦게까지 인터넷 게임을 해 늦잠 잔 것으로 아침에 엄마와 크게 다퉜는데 지각을 해서 선생님께도 크게 혼났지 뭐예요. 그런데 안 그래도 기분이 나쁜 저에게 짝꿍 은영이가 자꾸 무슨 일 있었냐고 꼬치꼬치 캐묻는 거예요. 그래서 화를 냈고 이 일로 은영이와 크게 다퉜어요. 은영이는 공부도 잘하고 얼굴도 예쁜 모범생이에요. 반 아이들에게나 선생님께도 인정을 받는 아이죠. 그래서인지 선생님은 자세한 사정도 모르시면서 저한테만 뭐라고 하시는 거예요. "현진아, 너 왜 은영이한테 화를 내니? 도대체 무슨 일이야?" 선생님이 이렇게 물으시니까

갑자기 은영이가 큰 소리를 내며 울었어요. "너 왜 우는데, 내가 널 때렸냐?" 전 너무 화가 나서 은영이한테 따지듯이 이야기했죠. 그런데 선생님께서는 저의 이런 말에 더욱 화가 나셔서 저보고 칠판 앞에 나가 무릎 꿇고 벌을 서라고 하셨어요. "선생님, 전 잘못한 게 없어요, 은영이가 이야기하기 싫은데 계속 무슨 일이 있었냐고 꼬치꼬치 캐물었다고요." 하지만 선생님께서는 제 말은 자세히 듣지도 않으시고 계속 저만 혼내셨어요. 물론 제가 은영이에게 화를 낸 것은 잘못이지만 기분이 나쁜 상황에서 이야기하기 싫어하는 저에게 무슨 일이 있었냐며 계속해서 꼬치꼬치 캐물은 은영이도 잘못이 있는 거 아닌가요? 저는 제가 하고 싶어 하지 않은데 누군가가 뭐라고 하면 저도 모르게 화를 내게 돼요. 고치고 싶지만 쉽지가 않아요. 인터넷을 많이 사용하면서 이상하게도 화나는 일이 더 많아진 것 같아요. 고쳐야 할 거 같기는 한데 쉽게 고쳐지지가 않아요.

나랑 비슷한 게 있는지
찾아보아요

나와 비슷한 게 어떤 것들이 있는지 부모님과 함께 체크해 보세요.

- 잘 웃지 않아요. ☐
- 사람들을 쳐다보면서 이야기하기가 어려워요. ☐
- 사람들과 잘 이야기하지 않아요. ☐
- 주변 사람들과(친구, 부모님 등) 쉽게 싸우거나 다퉈요. ☐
- 불평을 자주 해요. ☐
- 복장이 단정하지 않아요. ☐
- 부정적인 말을 자주 해요. ☐
- 친구들과 잘 어울리지 못해요. ☐
- 주변 사람들을 무시하거나 관심을 보이지 않아요. ☐
- 별일 아닌 일에 쉽게 흥분하거나 화를 잘 내요. ☐
- 누군가가 나에게 뭐라고 하면 말투가 거칠어져요. ☐
- 주변 사람으로부터 스트레스를 쉽게 받아요. ☐
- 하는 일마다 자신이 없고 쉽게 포기해요. ☐

여러분의 결과는 이 중 몇 개에 해당하나요? 사람에게 있어 대인관계는 매우 중요합니다. 하루 생활 가운데 사람들과 함께하는 시간이 많으니까요. 그런데 내가 주변 사람으로부터 스트레스를 잘 받고 화를 잘 낸다면 그리고 친구들과 어울리는 기술이 부족하다면 하루 생활이 즐겁지 못하겠지요? 만약 위 항목에서 5개 이상을 표시하였다면 자신과 주변 사람들과의 관계를 한번 되돌아볼 필요가 있을 거예요. 자, 이번에는 친구들과 사이좋게 잘 지낼 수 있는 방법과 스트레스 및 화를 잘 다스리는 법에 대해 알아볼까요?

〈이렇게 해 보아요〉

친구를 잘 사귀는 방법

- 친구에게 늘 단정한 모습을 보여 주세요.
- 친구를 만나면 반갑게 웃으며 인사해 보세요.
- 대화할 때면 자신의 이야기만 하지 말고 친구의 이야기도 잘 들어주세요.
- 친구에게 칭찬이나 감사의 말을 자주 해 보세요.
- 친구에 대한 관심을 구체적인 행동으로 표현하세요. 예를 들어 '나 너랑 함께 놀고 싶어', '너 오늘 우리 집에 오지 않을래?'라고요.
- 친구들과 놀 때에는 자신의 장난감이나 학용품을 나누어 쓸 줄 알아야 해요.
- 친구에게 심한 장난을 치거나, 놀리는 말을 하지 마세요. 놀림을 당하면 누구나 기분이 나쁩니다.
- 기분이 나쁘다고 친구를 때리거나, 쉽게 화를 내면 안 돼요.

스트레스 및 화를 잘 다스리는 방법

- 스트레스를 받거나 화가 날 때면 자신의 감정과 생각을 솔직하게 표현해 보세요. 예를 들어 "나 솔직히 지금 기분이 별로 안 좋아.", "난 엄마가 이렇게 해 주었으면 좋겠어요."라고요.

- 스트레스를 받거나 화가 날 때면 잠시 동안 심호흡을 해서 자신을 관리해 보세요. 자신의 스트레스 및 화를 다스리기 어려울 때는 선생님이나 부모님께 도움을 청해 보세요.

- 자신의 행동을 돌아보고 왜 상대방이 나에게 화를 내었는지 곰곰이 생각해 보세요. 혹 내가 상대방의 기분을 나쁘게 하지는 않았는지 돌아보세요.

- 화가 난다고, 스트레스를 받는다고 기분 내키는 대로 행동을 하면 안 돼요. 예를 들어 인터넷을 많이 사용한다고 부모님께서 이야기하실 때 기분이 나쁘다고 해서 문을 쾅 닫고 나가거나 물건을 집어던지면 안 되겠죠?

- 스트레스 및 화나는 상황을 잘 이겨 내기 위해서는 미음가짐이 중요해요. 항상 밝고 긍정적인 생각을 가지고 생활을 해 보세요.

<스트레스 이기는 방법>

1. "스트레스 쌓인다", "열 받는다"라는 말을 절대 하지 마세요.
2. 가장 행복했을 때를 떠올려 보세요.
3. 스트레스 및 화나는 상황이 발생하면 그냥 웃으세요.
4. 스트레스 및 화나는 상황을 긍정적으로 받아들이세요.
5. 스트레스 및 화나는 상황의 내용을 적어 보세요.

- 평상시에 가벼운 산책과 좋아하는 운동을 시작해 보세요. 가족과 함께 편안한 시간을 보낼 수 있도록 계획을 세워 보세요. 가끔씩 욕조에 뜨거운 물을 담아서 반신욕을 하는 것도 좋아요.

사람은 여러 가지 감정을 느껴요. 부모님과 함께 평상시에 여러분이 자주 느끼는 감정과 인터넷을 할 때 느끼는 감정을 생각해 보고 해당하는 그림에 색칠을 해 보세요(평상시 감정: 빨간색, 인터넷 사용 시 감정: 노란색) 그리고 부모님이랑 함께 이야기 나눠 보세요.

여러 가지 감정

⟨활동해 보기 2⟩

아래의 만화를 보고 부모님과 함께 나름대로 이야기를 만들어 보세요.

이야기 만들어 보기

#장면1.

#장면2.

#장면3.

제 5 장

나의 인터넷 사용을 돌아보아요

특명! 인터넷 사용 시간 줄이기

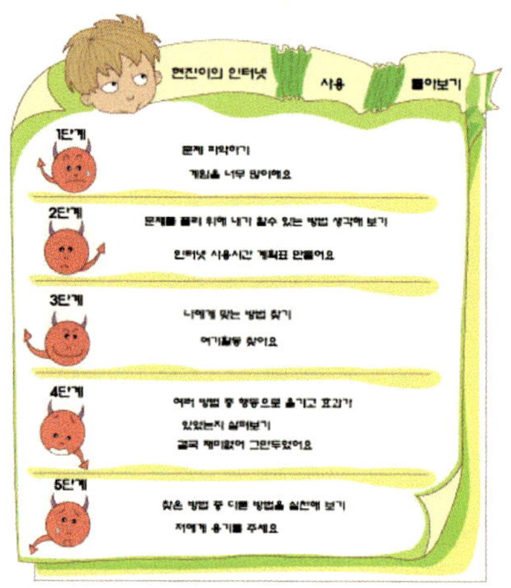

저는 매일 인터넷 게임을 너무 많이 해서 엄마랑 다투지만 그래도 인터넷 사용 시간을 줄이지 못하고 있어요. 엄마는 "넌 도대체 뭐가 되려고 그러니? 학교 갔다 와서 컴퓨터만 계속할 거야? 공부는 언제 하려고 그래? 컴퓨터 당장 끄지 못해!" 하며 늘 내게 잔소리를 하세요. 엄마가 이럴 때면 전 정말 화가 나요. "조금만 하고 끌게."라고 말하고 인터넷 게임을 계속하다가 엄마에게 걸려서 혼난 적도 한두 번이 아니에요. 하지만 전 인터넷 게임이 너무 좋아요. 엄마는 제 걱정이 된다며 얼마 전에 저를 인터넷 전문상담 선생님께

데려가서 상담을 받게 하셨어요. 그 상담 선생님께서는 저의 인터넷 사용문제를 해결할 수 있는 방법을 상세하게 알려 주셨는데 그 방법이 뭐 문제해결 5단계라고 하네요. 제가 그 방법대로 해 본 것을 같이 한번 살펴볼까요?

현진이의 문제 해결을 위한 5단계 방법 살펴보기

1단계
먼저 자신의 문제가 뭔지 살펴봐요

저의 문제는 인터넷 게임을 너무 많이 하는 거였어요. 하루에 보통 4~5시간 동안 인터넷 게임을 했죠. 많이 하는 편이기는 하지만 그래도 저보다 많이 하는 아이들도 있잖아요.

2단계
문제를 풀기 위해 자신이 할 수 있는 방법을 생각해 봐요

처음엔 2번째 단계가 저에게 너무 어렵게 느껴졌어요. 막상 저의 인터넷 문제를 풀기 위해 제가 할 수 있는 방법을 생각해 보니 막상 잘 안 떠오르더라고요. 한참 고민하다가 몇 가지를 생각해 냈는데 우선순위를 정해서 해야 할 일 하기, 여가시간 잘 활용하기, 필요할 때만 인터넷 사용하기 등이었어요.

하지만 이것들 외에는 정말 생각이 나지 않더라고요. 그래서 엄마에게 다른 좋은 방법은 없는지 물어봤어요.

엄마는 저에게 인터넷 사용 시간 계획표를 만들어 사용하는 것과 인터넷 대신에 다른 여가활동을 해 보는 것에 대해 말씀해 주셨어요. 여러분은 혹 이 방법들보다 더 좋은 방법을 알고 있나요? 그러면 저에게 좀 가르쳐 주세요.

3단계
자신에게 맞는 방법을 찾아보아요

전 '지금까지 찾은 방법 중에서 뭐가 나에게 제일 맞을까?' 하고 생각을 해 봤어요 그러다가 엄마가 이야기해 주신 방법 중 인터넷 대신에 할 수 있는 여가활동을

찾아서 해 보기로 결심했어요. 그래서 그림 그리기, 퍼즐, 사진 찍기, 종이접기, 음악 감상, 비행기 조립 등의 다양한 여가활동을 찾아보았죠. 이 중에서 뭐를 고를까? 한참 고민하던 저는 음악을 좋아해서 음악 감상을 여가활동으로 선택했어요.

4단계

여러 방법 중 행동으로 옮기고 효과가 있었는지 살펴보아요

하지만 인터넷 대신에 할 수 있는 여가활동으로 선택한 음악 감상은 인터넷만큼 재미는 없었어요. 결국 저는 며칠 안 돼서 다시 인터넷을 하게 되었죠.

5단계

찾은 방법 중 다른 방법을 실천해 보아요

결국 실패는 하였지만 그래도 인터넷 사용 시간이 조금 줄기는 하였어요. 전 이대로 포기하기가 싫어서 찾은 방법 중 다른 방법들도 하나하나 실천해 보기로 하였어요. 저에게 맞는 여가활동을 찾기 위해서요. 그런데 인터넷만큼 재미있는 것을 찾기는 힘들더라고요. 그래도 계속해서 찾다 보면 좋은 방법을 찾을 수 있겠죠. 여러분이 저에게 맞는 방법을 찾을 수 있도록 응원해 주세요. 그럼 저도 여러분을 응원해 드릴게요.

〈이렇게 해 보아요〉

나의 인터넷 사용문제 해결하기

다음은 앞에서 현진이가 따라 했던 '문제 해결을 위한 5단계 방법'이에요. 여러분

의 상황을 생각해 보고 지금부터 함께 풀어 나가도록 해요. 그럼 같이 빈칸을
채워 볼까요?

1단계:

나의 문제가 뭐지?

2단계:

문제를 풀기 위해 내가 할 수 있는 일은 무엇이 있을까?

3단계:

그중에 뭐가 제일 좋을까?

4단계:

대안을 행동으로 옮기고 효과가 있었나?

5단계:

만약 효과가 없었다면 다른 대안을 실천해 보자.

인터넷을 지나치게 많이 사용하면 어떤 결과가 있을까요?

계획 없이 인터넷 하는 시간을 계속해서 늘려 간다면 결국 인터넷으로 인해 많은 큰 어려움을 가질 수 있어요. 예를 들어 시력이 떨어지거나 어깨가 아프게 되는 등 건강에 문제가 있을 수 있고요. 지나친 인터넷 사용으로 부모님과의 갈등이 생길 수도 있고요. 숙제를 못 하거나 공부를 안 해서 성적이 떨어질 수 있어요. 또는 늦잠을 자서 지각을 하고 결국 선생님께 꾸지람을 들을 수도 있어요. 이 밖에도 많은 어려움이 생길 수 있어요. 여러분이 직접 경험해 보거나 친구들이 경험한 어려움을 한번 적어 볼까요?

첫째

건강상의 어려움

(인터넷을 많이 하면 몸의 어디가 불편한지 아는 대로 적어 보세요)

둘째

가정에서의 어려움

(인터넷을 많이하면 가정에서 어떤 어려움이 생길 수 있을지 생각나는대로 적어 보세요)

셋째

학교에서의 어려움

(인터넷을 많이하면 학교에서 어떤 어려움이 생길 수 있을지 생각나는대로 적어 보세요)

〈활동해 보기 1〉

아래 그림들은 인터넷을 대신해서 여러분들이 할 수 있는 활동들입니다. 아래의 보기에서 맞는 답을 골라 적어 보세요. 그리고 자신이 좋아하는 활동을 하나 정해서 이번 주에 인터넷 대신에 한번 해 보세요.

ⓐ 태권도	ⓑ 줄넘기	ⓒ 영화감상	ⓓ 음악연주
ⓔ 보드게임	ⓕ 등산	ⓖ 춤추기	ⓗ 자전거 타기
ⓘ 뜨개질	ⓙ 독서	ⓚ 보드타기	ⓛ 수영
ⓜ 농구축구	ⓝ 탁구	ⓞ 에어로빅	ⓟ 롤러블레이드
ⓠ 조깅	ⓡ 배드민턴	ⓢ 볼링	ⓣ 스케이트보드

인터넷의 검은 유혹에서 우리 아이 지키기

〈활동해 보기 2〉

여러분에게 맞는 인터넷 사용조절 방법을 적어 보세요. 어려우면 부모님과 함께
생각해 보면서 적어 보세요.

 나를 위한 인터넷 사용조절 십계명

1계명

2계명

3계명

4계명

5계명

6계명

7계명

8계명

9계명

10계명

"인터넷 좀 그만 하렴."

"공부는 언제 할래?"

"또 컴퓨터 하는 거니?"

제 6 장

난 할 수 있어!

I can do it!

나에게도 방법은 있다!

요즘 들어 엄마는 저에게 예전보다 화를 덜 내세요. 학교 선생님도 마찬가지고요. 이 모든 게 제가 인터넷을 적게 사용하면서 나타난 일이에요. 예전에 상담선생님께서는 저에게 "인터넷을 많이 하고 싶을 때면 그 결과로 나타날 수 있는 부정적인 결과를 생각해 보렴." 하고 말씀하셨어요. 그래서 전 매일 인터넷 게임으로 인해 집과 학교에서 혼나는 모습을 떠올렸고 그 결과 인터넷 사용 시간을 조금 줄일 수 있었어요. 하지만 주말이 되면 전 여전히 인터넷 게임을 하고 싶은 생각이 들었어요. 그래서 다시 상담선생님을 찾아갔는데 선생님께서는 "처음에 현진이 혼자서 인터넷 사용 시간을 줄이는 것은 쉽지 않을 거야. 알람시계로 사용 시간을 맞춰서 사용하거나 주변 사람의 도움을 받는 것이 좋을 것 같구나."라고 말씀해 주셨어

인터넷의 검은 유혹에서 우리 아이 지키기

요. 그래서 전 인터넷 게임을 하고 싶을 때면 사용할 시간을 정해서 엄마와 누나에게 알려 주었어요. 그랬더니 정말 효과가 있더라고요. 점점 인터넷 사용 시간이 줄어들게 되었죠. 하지만 달라진 것은 이것만이 아니었어요. 규칙적인 생활을 하다 보니 건강도 좋아지고 성적도 많이 올랐죠. 부모님께서는 저의 달라진 모습을 보시면서 많이 기뻐하셨어요. 예전에는 엄마, 아빠가 너무 바빠서 저희 가족이 함께하는 시간이 별로 없었는데 요즘은 많은 시간을 함께하게 되었어요. 같이 운동도 하고요. 자전거도 타고, 주말이면 주말농장에도 가요. 요즘은 하루하루 너무 기분이 좋아요.

〈목표를 달성하지 못하더라도〉

목표를 달성하지 못하더라도 진심으로 노력했다면
그대의 영혼은 한층 성숙해졌을 것이다.

레프 톨스토이

〈제가 달라졌어요〉

자주 인터넷을 해서 부모님께 그리고 선생님께 혼나던 제가 이제는 달라졌어요. 아직 부족하지만 그래도 지금까지는 잘하고 있답니다. 이제 여러분 차례예요. 여러분의 지금 모습은 어떤가요?

- 늦잠을 자지 않고 지각도 하지 않아요. ☐
- 수업시간에 집중을 잘해요. ☐
- 공부에 흥미가 생겼어요. ☐
- 집에 오면 먼저 해야 할 것부터 해요. ☐
- 몸이 튼튼해졌어요. ☐
- 부모님께 투정이나 짜증을 부리지 않아요. ☐
- 쉽게 흥분하거나 화를 잘 내지 않아요. ☐
- 부모님의 말씀을 잘 들어요. ☐
- 인터넷으로 인해 꾸중을 듣는 일이 줄었어요. ☐
- 인터넷을 하지 않고도 친구들과 잘 놀아요. ☐
- 이제 하는 일마다 자신이 있어요. ☐

달라진 모습을 몇 개나 표시하셨나요? 별로 없다고요? 그렇다고 너무 걱정하지 마세요. 조금씩 나아지고 있잖아요. 지금 당장 변할 수는 없어요. 달라지려고 노력하는 것이 중요해요.
자, 자신감을 가지고 처음부터 다시 반복해서 노력해 봐요.

_학부모편

"인터넷 좀 그만 하렴."

"공부는 언제 할래?"

"또 컴퓨터 하는 거니?"

제 1 장

나에게 정말 문제가 있는 건가요?

〈부모님을 위한 활동해 보기 지도요령〉

〈활동해 보기 1〉

① 자녀가 현진이의 이야기를 읽고 인터넷의 문제점을 찾아 빨간 펜으로 밑줄을 그어 보게 하세요.

② 그런 다음에는 현진이와 비교해서 자신이 비슷한 어려움이 있는지를 생각해 보게 하고 활동지 빈칸을 채워 보게 하세요.

③ 마지막으로 자녀가 적은 것을 토대로 함께 이야기를 나눠 보세요.

〈활동해 보기 2〉

① 자녀가 그림을 보고 인터넷을 많이 사용했을 때 우리 몸에 나타날 수 있는 문제점을 적어 보게 하세요.

② 그런 다음에는 인터넷을 많이 사용했을 때 나타날 수 있는 문제를 부모님께서 참고자료를 활용하여 설명해 주세요.

〈참고자료〉 인터넷 과다사용 문제가 자녀들에게 미칠 수 있는 영향

영역	내용
신체적 영향	두통, 만성피로감, 눈의 피로, 시력저하, 근골격계 장애(손목, 목, 어깨, 허리결림, 척추측만증, 디스크), 심장마비
정신적 영향	수면장애, 우울증, 강박증, 편집증, 대인공포, 대인 기피증과 같은 정신질환
사회적 영향	학교생활의 만족도 저하, 학업성적 부진, 대인관계 결여, 수업시간이나 학습활동 부진, 부모와의 갈등, 폭력, 일탈

17쪽 나는 무엇일까요?　　　　정답 : 인터넷

인터넷에 중독된 아이들은 마음이 허전할 때 인터넷에 접속하여 계속적인 심리적 즐거움을 추구합니다. 그래서 점차 인터넷을 의존하게 되고 인터넷을 사용하는 시간이 자꾸만 길어지게 됩니다. 나중에는 누가 통제하기 전까지 컴퓨터를 끄고 나오기를 점차 힘들어하는 내성 현상을 보입니다.

또한 인터넷을 하고 있지 않으면 초조하고 불안해하며, "오늘 나에게 이메일이 왔을까? 내 미니홈피에 몇 명이나 방문했을까? 나의 게임레벨은 어떻게 변했을까?" 하는 궁금증을 매우 심하게 가지는 금단 현상도 나타납니다. 이는 마치 마약 중독자가 마약을 복용하지 않으면 극도로 불안하고 초조해지는 현상과도 유사합니다. 그러나 이러한 현상이 몇 가지 나타난다고 해서 아이가 인터넷 중독에 빠졌다고 단정하기는 어렵습니다. 위와 같은 증상의 정도가 심각하고 반복적으로 나타나며 만성화되어 위의 참고자료와 같은 신체적, 정신적, 사회적 문제가 아주 심각하게 나타날 경우에만 '정신의학적 중독 현상'으로 볼 수 있습니다.

구체적인 예로, 인터넷 중독에 빠진 한 아이는 식사와 수면이 매우 불규칙해져서 건강에 이상이 생겼고, 학업성적이 떨어지고 지각·결석이 잦아 부모 및 선생님과 심한 갈등을 빚었으며, 또한 친구들과의 관계가 소원하여 대인관계에 큰 문제가 나타나서, 결국 학교에서 중도 탈락하는 경우에까지 이르게 되었습니다.

아이들이 인터넷에 빠져 살아요

최근 부모님들께서는 우리 아이들의 인터넷 사용문제에 대한 심각성을 다룬 언론보도를 심심치 않게 접하셨을 것입니다. '학습능력 저하', '수면부족', '신체적 부작용', '대인관계 결여', '음란물 탐닉', '사이버 범죄', '언어훼손', '인터넷 과다 사용(중독)' 등등 인터넷으로 인해 파생되는 여러 가지 문제의 심각성이 현재 다양한 매체를 통해 보도되고 있습니다. 특히, 이러한 문제 가운데서도 인터넷 과다사용(중독) 문제의 심각성이 가장 많이 나타나고 있는데 현재 우리나라 학령기 어린이 중 25%가 인터넷 과다사용으로 인해 문제가 되고 있거나 앞으로 문제가 될 가능성이 있는 것으로 나타나고 있습니다. 또한 이러한 인터넷 과다사용(중독) 문제는 우리나라 소아 및 청소년 장애와도 상당히 밀접한 관계가 있는 것으로 나타나고 있는데 특히, 집중력 장애나 우울증을 호소하는 아이들의 대부분이 인터넷과 게임에 지나치게 빠져 있으며, 인터넷 문제로 점차 병원을 찾는 아이들이 늘어나고 있는 추세라고 합니다.

그럼 왜 우리 아이들이 이렇게 인터넷에 빠져 지내는 걸까요?

지금의 아이들은 새로운 것에 대한 많은 관심과 흥미를 가지고 있습니다. 아이들은 새로운 것에 민감할 뿐 아니라 새로운 것을 매우 좋아합니다. 그래서 많은 자녀들이 늘 새로운 것들을 보면 부모님께 사 달라고 조르는 것입니다.
그런데 인터넷에는 우리 아이들의 관심을 끄는 새로운 것들이 언제나 넘쳐납니다. 그래서 아이들은 인터넷에 재미와 흥미를 느끼고 계속해서 인터넷에 빠져들게 되는 것입니다. 이렇듯 아이들에게 있어 인터넷은 자기가 좋아하는 것을 골라 먹는 재미가 있는 종합선물세트와 같다고 볼 수 있습니다. 다음의 내용들은 아이들이 인터넷에 빠지게 되는 몇 가지 원인들을 정리해 본 것입니다.

첫째
초고속 정보화 사회의 출현
1990년대 이후 우리나라의 정보기술 산업은 나날이 성장하였고 그 결과 지금은 언제 어디서나 인터넷을 할 수 있는 환경이 만들어졌습니다.
지금의 우리 아이들은 과거의 부모세대와는 달리 태어나면서부터 컴퓨터를 가지고 놀고 인터넷과 함께 생활합니다. 그렇기 때문에 지금의 아이들이 컴퓨터와 친밀하고 인터넷을 편안하게 여기는 것입니다.

둘째

입시 위주의 교육환경과 놀이문화 부재

현재 우리나라 교육체계는 지나치게 입시 위주로 이루어져 우리 아이들은 학교에
서나 가정에서나 지나치게 공부를 강요받고 있습니다. 이로 인해 아이들은 늘
학업에 대한 스트레스를 받고 있는데 이러한 스트레스를 풀 수 있는 시간적인
여유는 별로 없습니다. 이는 초등학생들도 마찬가지입니다. 매일 학교-학원-집
으로 이어지는 반복되는 일상 속에서 아이들은 늘 마음에 여유 없이 분주한 나날
을 보냅니다. 그나마 아이들에게 시간적인 여유가 생겨서 놀려고 할 때면 놀 만한
놀이거리가 없습니다. 그래서 아이들은 언제든지 쉽게 접할 수 있고 재미있는
꺼리들이 많은 인터넷을 찾게 되는 것이고 인터넷을 자신들의 스트레스를 해소해
주는 유일한 탈출구로 여기는 것입니다.

셋째

인터넷 자체의 특성

앞서서 이야기했듯이 인터넷에는 아이들이 좋아하는 새롭고 재미있는 것들이
늘 차고 넘쳐납니다. 이러한 인터넷을 통해 아이들은 일상생활에서 쉽게 느끼지
못한 성취감과 만족감을 느낄 수 있고 또한 소속감과 친밀감도 느낄 수 있습니다.
이렇듯 인터넷은 우리 아이들의 욕구를 충족시켜 줄 수 있는 최상의 조건을 모두
갖추고 있습니다.

넷째

인터넷 사용을 조절하고 통제하는 능력 부족

우리 아이들이 인터넷에 빠지게 되는 가장 근본적인 문제는 스스로 인터넷 사용
을 조절하고 통제할 수 있는 능력이 부족하여 지속적으로 인터넷을 사용한다는
데 있다는 것입니다. 그러므로 부모님들께서는 지금까지 살펴본 아이들이 인터넷
에 빠지게 되는 원인들을 바로 이해하고 아이 스스로가 인터넷 사용을 조절하고
통제할 수 있는 능력을 키워 주어야 합니다.

아이들의 인터넷 문제, 부모의 역할이 중요합니다

요즘 초등학생을 자녀로 둔 부모님이라면 아래 어느 학부모의 사연과 같이 자녀의 인터넷 사용과 관련한 유사한 갈등을 종종 경험해 보셨을 것입니다.

초등학생 자녀를 둔 어느 학부모의 하소연

"인터넷으로 숙제를 해야 한다고 해서 컴퓨터를 사 주고 인터넷을 연결해 주었어요. 아이가 처음엔 공부를 하는 데만 인터넷을 사용했는데 하지만 그것도 잠시. 인터넷 게임에 빠져든 아이는 끼니도 거르고 컴퓨터에 붙어 앉아 날밤 새우기가 일쑤였어요. 암만 제가 잔소리해도 서로 마음만 상할 뿐이었고요. 인터넷을 끊고 컴퓨터를 내다 버리고서야 일단락이 됐지만 그래도 여전히 마음이 개운치 않네요."

새로운 것에 대한 흥미와 수용력이 뛰어난 요즘 아이들에게 인터넷만큼 재미있는 게 없는데 그것을 부모님께서 못 하게 하니 당연히 아이와의 갈등이 생길 수밖에 없는 것입니다. 물론 어떤 아이들은 자기 스스로 적절히 인터넷을 사용하기도 합니다. 하지만 대부분의 아이들은 주변에서 적절한 도움을 주지 않으면 청소년, 성인이 될 때까지 문제가 지속되어 학업이나 대인 관계, 직업상의 문제가 생길 수 있습니다(혹 자녀의 인터넷 문제에 대해 좀 더 자세히 살펴보시기 원한다면 p.104의 <부록 1>을 활용해 보시기 바랍니다).

인터넷에 빠진 아이, 초기에 잡아 주는 것이 중요합니다

인터넷에 빠진 우리 아이를 어떻게 지도해야 할까요? 일단 공부습관이든, 생활습관이든 초기에 잡아 주는 것이 중요합니다. 보통의 아이들이 인터넷에 빠져드는 시기는 초등학교 저학년(1~3학년) 때부터입니다. 따라서 이 시기에 부모님께서 적절하게 자녀를 지도하는 것은 인터넷 문제를 예방하고 해결하기 위해서 매우 중요합니다.

부모님들은 인터넷에 대해 어떻게 생각하시고 계신가요?

자녀의 인터넷 사용문제를 해결하기 위해서는 일단 부모 – 자녀 사이에 인터넷을 바라보는 시각에 어떠한 차이가 있는지에 대해 이해를 가지시는 것이 필요합니다. 대개 부모님들은 인터넷을 하나의 편리한 생활상의 유익한 도구로만 인식하지만 반면, 아이들은 인터넷을 자신의 삶의 한 영역으로 인식하고 행동합니다. 아이들에게 있어 인터넷은 자기들만의 새로운 세상인 것입니다. 아이들은 인터넷에서 또래 아이들과 함께 즐기고 공유하며 하나의 문화를 만들어 갑니다. 이 모든 것이 인터넷에서는 쉽게 가능하기 때문입니다. 아이들은 인터넷에서 누구의 간섭 없이 여러 가지 다양한 활동을 자유롭게 하며 그들만의 새로운 문화를 만들어 갑니다. 그래서 대부분의 아이들이 인터넷으로 몰려드는 것이고 그곳에서 그들만의 세상을 만들어 가고 있는 것입니다.

"인터넷 좀 그만 하렴."

"공부는 언제 할래?"

"또 컴퓨터 하는 거니?"

제 2 장

거짓말쟁이 현진이

〈부모님을 위한 활동해 보기 지도요령〉

① 자녀에게 현재 자녀가 그동안 자신의 생활이 어떠했는지 돌아보게 하세요.
② 그런 다음 자녀가 자신이 실천할 수 있는 주간계획표를 만들어 보게 하세요.
  이때 부모님께서 <참고자료 1>을 활용하여 계획표 만드는 방법을 설명해
  주세요.

<참고자료 1> 아이에게 맞는 주간계획표 짜는 요령

먼저 부모님께서 자녀가 우선 일주일 동안의 목표를 구체적으로 생각해 보게 합니다. 우선 일주일 동안에 기본적으로 해야 할 일과 우선순위에 따라 해야 할일을 고려해서 주간계획표를 짜 보게 합니다. 그리고 일주일 동안 사용할 인터넷 시간을 어느 정도로 할지 생각하고 그것을 적절하게 주간계획표에 배분하게합니다. 차후 작성된 주간계획표를 실행해 보고 성취도를 평가하여 계획표를 자신에 맞게 수정하도록 도와주시기 바랍니다.

자녀가 주간계획표를 만들고 나면 <참고자료 2>에 나와 있는 시간에 관한 퀴즈를 활용하여 시간의 중요성을 알려 주세요. 우리가 쉽게 보내는 시간이 얼마나소중한지 알 수 있을 테니까요. 그리고 자녀에게 특별한 목적 없이 인터넷을 하며무심코 보내는 시간이 일생 동안 얼마나 될지 생각해 보게 하세요.

<참고자료 2> 시간에 관한 퀴즈

하루에 8시간 정도를 자는 경우 일생 동안 수면 시간은? (23년)

먹는 데만 걸리는 시간은? (6년)

줄서는 데 걸리는 시간은? (5년)

신호등 대기 시간은? (6개월)

물건을 찾는 데 걸리는 시간은? (1년)

자리에 없는 사람을 찾아 전화를 바꿔 주는 데 걸리는 시간은? (2년)

특별한 목적 없이 인터넷을 하며 보내는 시간은? (　년)

〈함께하는 부모님을 위한 페이지〉

아이가 저를 속이는 거 같아요

인터넷을 많이 하는 자녀가 자신의 행동을 속이는 행동을 보일 때면 부모님들은 자녀가 그 속임의 목적이 오로지 인터넷을 사용하는 것을 지속하기 위함일 수 있음을 기억하셔야 합니다. 대개 인터넷을 많이 사용하는 아이들은 자신의 인터넷 사용에 집착하기 위해 여러 가지 심리적인 속임수를 보이는데 대표적인 속임수는 대개 아래와 같습니다. 하지만 제시하는 속임수들이 반드시 차례대로 순서에 따라 나타나지는 않고 간혹 속임수가 서로 겹치기도 하며 반복되기도 함을 유념하시기 바랍니다.

첫 번째 속임수: "조금밖에 안 했어요."

인터넷을 많이 하는 아이들은 자신이 인터넷을 많이 사용하고 있다는 사실을 숨기기 위해 자신의 행동을 축소하여 부모님께 이야기합니다. 예를 들어 "이제 막 컴퓨터를 켰어.", 2~3시간 동안 인터넷을 사용했으면서 "인터넷 시작한 지 이제 겨우 30분밖에 안 되었는걸."이라고 부모님께 이야기합니다.

두 번째 속임수: "저 인터넷 안 했어요.", "……"

인터넷을 많이 하는 아이들은 자신이 지나치게 인터넷을 사용하고 있다는 사실에 대해 아예 모르거나 아니면 모르는 것처럼 항상 다른 방향으로 보려고 하고 진실을 외면합니다. 하지만 점점 더 증상이 심해질수록 아이는 진실을 외면하기 위해 무의식적으로 항상 다른 뭔가에 정신을 팔거나 둔해지려고 노력합니다.

세 번째 속임수: "다른 애들은 저보다 더 많이 해요."

첫 번째, 두 번째 속임수가 실패하면 인터넷에 빠져 있는 아이들은 대개 자신의 인터넷을 많이 사용하는 행동을 정당화하기 위해 합리화하고 변명을 하게 됩니다. 이러한 자기 합리화는 의도적인 거짓말이 아닙니다. 인터넷을 많이 사용하는 대부분의 아이들은 실제로 그러한 합리화가 진실이라고 믿는 경우가 많습니다. "심심하니까 인터넷 게임을 하는 거야", "숙제하기 전에 1시간만 하는 것은 괜찮다고 선생님도 그랬어.", "요즘 내 친구들 중 나만큼 인터넷을 안 하는 애들은 거의 없어." 만약 여러분의 자녀에게서 이런 합리화의 모습이 보인다면 이것은 아이가 인터넷에 빠져 있다는 것에 대한 반박할 수 없는 증거임을 기억하십시오. 만약 아이가 인터넷에 빠져 있지 않다면 굳이 자신의 행동에 대해 변명할 이유가 없을 것이기 때문입니다. 또 한 가지 부모님들께서 기억하셔야 할 것은 아이들이 자신의 행동에 대한 합리화가 그들의 마음속에 괴로움과 자기 외로움을 증가시킬 수 있다는 것입니다. 이는 결국 아이들이 가중되는 불안감을 가지도록 하고 계속해서 인터넷을 하게 만드는 주요 원인이 됩니다.

심리적 속임수를 보이는 자녀를 대하는 방법

만약 여러분의 자녀가 현진이와 같이 학교에 가지 않고 인터넷 게임을 계속하면서 늑장을 부리며 심리적 속임수를 보인다면 어떻게 하시겠습니까? "너 엄마가 지각한다고 빨리 씻고 밥 먹으라고 한 적이 언제야? 엄마 말이 말 같지 않니?" 하며 따지거나 다그치면서 아이를 혼내실 건가요? 만약 예전에 그랬었다면 이제는 인터넷을 많이 사용하는 아이들이 보일 수 있는 심리적 속임수를 이해하고 사랑과 애정이 담긴 표현으로 자녀의 행동 그 자체를 지적해 보시기 바랍니다. 가령 "인터넷을 많이 하면 지각을 할 거야. 그럼 엄마는 속상할 거고"라는 식으로 말입니다.

상황의 지적	자녀 지적
"인터넷을 많이 하면 지각을 할 거야. 그럼 엄마는 속상할 거고."	"너 엄마가 지각한다고 빨리 씻고 밥 먹으라고 한 적이 언제야? 엄마 말이 말 같지 않니?"

아이들은 말의 의미를 이해하기 전에 감정으로 느끼고 부모의 얼굴표정이나 부드러운 목소리를 듣고 그 말을 이해함을 꼭 기억하시기 바랍니다.

아이가 늘 정신이 없고 잘 잊어요

인터넷을 많이 사용하는 자녀를 둔 부모님들은 보통 "우리 아이는 인터넷을 많이 해서 그런지 너무 잘 잊어요. 몇 번씩 이야기를 해도 또 까먹어요.", "우리 아이는 게임만 하면 당장 해야 할 것도 금방 잊어버려요."라며 걱정을 하십니다. 하지만 아이들은 누구나 어느 한쪽에 집중을 하다 보면 자연스럽게 다른 해야 할 일을 잊곤 합니다. 그러니 자녀가 그런 모습을 보인다고 해서 지나치게 걱정하실 필요는 없습니다.

방법 하나

메모하는 습관을 가질 수 있도록 지도해 주세요

만약 여러분의 자녀가 인터넷에 너무 빠져 해야 할 것을 잘 기억하지 못하고 실천하지 못한다면 먼저 자녀에게 메모하는 습관을 가질 수 있도록 지도해 보세요. 잘 기억하지 못하는 단점을 극복하는 것 외에도 정리하는 능력, 사고하는 능력을 키워 나갈 수 있을 것입니다. 자녀의 방에 화이트보드를 마련해 놓고 해야 할 것들을 그곳에 적어 두는 것도 하나의 좋은 방법이 될 수 있을 것입니다.

방법 둘

자녀의 집중에 방해가 되는 것을 정리해 주세요

인터넷을 많이 사용하는 아이들뿐 아니라 보통의 아이들도 공부방에 장난감이나 게임기, 핸드폰, 라디오, 컴퓨터 등이 있으면 자꾸 그쪽에 신경을 쓸 수밖에 없고 결국 공부에 집중을 할 수가 없습니다. 따라서 부모님께서는 아이가 공부를 시작하기 전에 미리 공부에 방해가 될 만한 것들을 정리해 두거나 전원을 끄도록 지도하셔야 합니다. 이는 어느 한 실험을 통해서도 증명이 되었는데 책상 옆에 포스터와 같은, 눈을 자극할 만한 것을 붙여 놓거나 시끄러운 음악 등을 켜 놓았더니 초등학교 저학년 학생인 경우 38%, 고학년 학생의 경우 27%가 눈길을 빼앗겼다고 합니다. 그러므로 인터넷을 많이 사용하는 여러분의 자녀가 집중력 있게 학습하기를 원하신다면 집중해야 할 것 외에 다른 것들이 눈에 들어오지 않도록 주변 환경을 미리 정리해 주는 것이 꼭 필요합니다. 물론 정리할 때는 자녀와 충분한 대화를 통하여 왜 그래야 하는 건지 충분한 이해를 가지도록 도운 다음에 자녀와 함께 정리하는 것이 더욱 좋습니다.

모든 꿈은 멋지고 소중하다

꿈이란 건 크지 않아도 됩니다.
작아도 멋진 꿈은 얼마든지 있습니다.
꿈은 많아도 좋습니다. 욕심꾸러기처럼 꿈을
여러 개나 갖고 있다면 그건 당신이 건강하다는 증거일 겁니다.
먼 꿈도 멋지지만, 가까이 있는 꿈도 소중합니다.
오늘의 꿈, 내일의 꿈, 내년의 꿈…….
끝없이 거듭된다면 살아가는 하루하루가
얼마나 설렘으로 가득 차겠습니까?

—가나모리 우라꼬의 〈참으로 마음이 행복해지는 책〉 중에서—

레벨 업!!

"인터넷 좀 그만 하렴."

"공부는 언제 할래?"

"또 컴퓨터 하는 거니?"

제3장

졸리기만 한 수업시간

〈부모님을 위한 활동해 보기 지도요령〉

① 자녀가 이 책의 과정을 마치고 난 후 지금과 달라져 있을 모습을 기대해 보게
   하세요.
② 그런 다음 앞으로 자신이 어떻게 변화될 것인지에 대해 생각해 보고 달라질
   자신에게 편지를 써 보게 하세요.

(이 책의 과정을 마치고 난 후, 달라진 자신에게 해 주고 싶은 말, 앞으로 나의
자세, 건전하게 인터넷을 활용하기 위한 자신만의 계획이 담길 수 있도록 지도해
주세요.)

〈함께하는 부모님을 위한 페이지〉

자녀의 인터넷 문제, 담임선생님과 상의해 보세요

자녀가 인터넷에만 관심을 두고 공부에는 별다른 관심을 보이지 않는다면 평소에
담임선생님과 자주 상의를 하시는 것이 좋습니다. 인터넷 문제는 부모와 선생님
이 협력할 때 보다 효과적입니다. 다른 여느 자녀문제도 마찬가지겠지만 인터넷
문제의 경우 특히 부모와 선생님이 잘 협력할 때 보다 효과적으로 해결할 수
있기 때문입니다. 일반적으로 부모님들은 담임선생님을 만나기 위해 학교에 찾아
가는 것을 매우 어렵게 생각을 하십니다. 하지만 학교는 자녀들이 가장 많은 시간
을 보내는 장소이고, 담임선생님은 그곳에서 여러분 자녀들의 생활 전반을 책임
지시는 선생님이라는 것을 잊지 마시기 바랍니다. 그러므로 부모님께서는 담임선

생님을 만나기 어려운 대상으로만 여기시지 말고 보다 마음 편히 생각을 하시기 바랍니다. 혹 담임선생님을 찾아가는 것이 부담스러우시다면 전화통화로라도 자녀문제에 대해 자주 상의를 하시기 바랍니다. 예전에 제가 학교에서 근무했을 당시, 인터넷 게임으로 아침에 집에서 엄마와 심하게 다투고 학교에 온 아이가 담임선생님께 불손한 태도를 보여서 심하게 혼난 일이 있었습니다. 만약 담임선생님께서 아이가 아침에 인터넷 문제로 부모와 심하게 다툰 상황을 이전에 아셨다면 선생님과 자녀 사이의 갈등을 막을 수 있지 않았을까요? 아마도 부모님께서 이러한 상황을 전화로 담임선생님께 미리 알려 주신다면 담임선생님께서는 자녀의 태도에 대해 적절히 대처하실 수 있을 것입니다.

필요하다면 전문가의 도움을 받아 보세요

인터넷에 지나치게 빠져 있는 아이들은 학습에 대한 흥미도 없고 학습능력도 매우 떨어져 있는 경우가 많습니다. 또는 대인관계에 있어 심각한 어려움을 가지는 경우도 있고 심지어는 정신건강에 어려움을 가지는 경우도 있습니다. 그러므로 자녀의 인터넷 문제를 부모님께서 해결하기가 어렵다고 판단이 서시면 심각해지기 전에 전문가의 도움을 받는 것이 좋습니다(pp. 129~131의 <부록 14, 15>의 자료를 참고하세요).

자녀가 규칙적인 운동습관과 생활습관을 가질 수 있도록 도와주세요

인터넷 사용을 조절하는 데 있어 규칙적인 운동과 생활습관은 매우 중요한 역할을 합니다. 규칙적인 운동과 생활습관은 자녀들이 느끼는 우울함과 불안감을 완화시켜 줄 수 있습니다. 또한 자기개념에 대한 새로운 인식을 가능하게 하며 생활을 윤택하게 하는 데 도움을 줄 수 있습니다. 하지만 인터넷에만 빠져 있는 아이가 규칙적인 운동이나 생활습관을 지속하기란 매우 어렵습니다. 그러므로 부모님께서 자녀가 자신에 맞는 운동을 찾고 생활습관을 계획할 수 있도록 도와주어야 합니다. 자녀들과 하루에 일정시간 동안 함께 운동을 해 보십시오. 가벼운 산책이나, 조깅, 줄넘기, 훌라후프, 자전거 타기 등 그 어떤 것도 좋습니다.

또한 기상과 잠자리 시간은 자신에 맞게 정해서 꼭 지킬 수 있도록 도와주십시오. 이는 주중뿐 아니라 인터넷을 많이 사용하는 주말에도 마찬가지입니다. 가능하다면 주말의 기상 및 잠자리 시간이 1시간 이상 빨라지거나 늦어지지 않도록 해 주십시오.

자녀가 충분히 잠을 잘 수 있도록 지도해 주세요

밤새 인터넷을 하여 잠이 부족한 아이들은 대개 정서가 불안하고 주변에 별다른 관심을 가지지 않으며, 공격적인 특성이 있습니다. 외국의 한 심리학자는 습관적인 수면부족이 뇌기능을 저하시킨다는 연구결과를 발표하기도 하였습니다. 이렇듯 성장기의 아이들에게 있어 수면시간은 매우 중요합니다. 충분한 수면은 아이들의 심적·육적 피로를 줄여 주고, 아이의 학습태도에도 긍정적인 영향을 미칩니다. 그러므로 부모님께서는 자녀들이 밤늦게까지 인터넷을 사용하지 않고 충분히 잠을 잘 수 있도록 지도해 주셔야 합니다.

자녀의 학습능력을 키워 주세요

인터넷을 많이 사용하는 아이들의 대부분은 공부에 대한 흥미가 없습니다. 그 이유는 아이들이 인터넷에 빠져들면서 학습능력이 자연스럽게 떨어지기 때문입니다. 하지만 이러한 상태가 지속되면 떨어진 학습능력이 오히려 아이로 하여금 인터넷을 더욱더 하게 만드는 역작용이 발생하게 됩니다. 그러므로 자녀의 인터넷 문제를 해결하기 위해서는 일단 자녀의 떨어진 학습능력을 다시 키워 주는 것이 필요합니다. 그러기 위해서는 일단 자녀가 공부에 흥미를 가질 수 있도록 도와주어야 하는데, 학습한 것에 대한 복습은 자녀가 학교 공부에 흥미를 갖도록 도와주고 또한 학습능력을 발달시켜 주는 큰 역할을 합니다. 그러므로 학부모님께서는 참고자료의 내용을 참고하여 자녀들이 적절하게 학습한 것에 대한 복습을 할 수 있도록 지도해 주시기 바랍니다.

<참고자료> 자녀의 효과적인 복습 지도요령

1. 자녀가 학습한 것에 대해 24시간 이내에 한 번 더 확인을 시켜 줍니다.
2. 한 번 복습을 하고 난 다음 48시간 이내에 다시 한 번 확인을 시켜 줍니다.
3. 96시간 이내에 다시 한 번 확인을 하되, 차츰 복습 시간의 간격을 줄입니다.
4. 한 달 정도의 간격을 두고 다시 한 번 확인을 합니다.

※ 복습을 시킬 때 방향을 조금 바꾸거나, 새로운 지식을 조금 추가하거나, 아이가 원하는 보상을 적절히 해 주면, 싫증내지 않고 즐거운 마음으로 공부를 할 것입니다.

〈출처〉 나이토 요시히토, 「아이의 공부본능을 깨우는 부모들의 교육습관」

<참고자료> 두뇌발달에 도움이 되는 음식

생선이 머리를 좋게 한다는 말은 익히 알고 있는 상식입니다. 하지만 생선만 먹어서 머리가 좋아지는 것은 아닙니다. 생선 이외에 머리를 좋게 하는 영양소는 여러 가지가 있습니다. 먼저는 비타민 C. 비타민 C는 지능지수를 높인다고 합니다. 노벨상을 두 번이나 수상한 생화학자 라이너스 폴링 박사는 "비타민 C는 최상의 정신적인 기능에 필수부가결하다."고 말하였습니다. 아이가 피로해할 때는 돼지고기, 밀가루, 현미와 같은 비타민 B1이 많이 포함된 음식을 선택하면 좋습니다. 비타민 B1은 신체와 정신피로를 풀어 주는 효과가 탁월하다고 합니다.

또한 마그네슘과 칼슘은 '기억'과 '학습'을 촉진하는 데 도움이 되며 시금치, 쑥갓, 배추, 무, 덩굴풀 등에는 체내에서 DHA로 바꾸는 알파-리네롤산이 많이 포함되어 있어 머리에 좋다고 합니다.

〈출처〉 나이토 요시히토, 「아이의 공부본능을 깨우는 부모들의 교육습관」

제 4 장

짜증과 화를 잘 내는 현진이

〈부모님을 위한 활동해 보기 지도요령〉

〈활동해 보기 1〉

① 자녀가 평상시에 인터넷을 사용하도록 만드는 감정을 생각해 보게 하세요.

② 자녀와 함께 평상시에 여러분이 자주 느끼는 감정과 인터넷을 할 때 느끼는 감정을 생각해 보고 해당하는 그림에 색칠을 하도록 지도해 주세요(평상시 감정: 빨간색, 인터넷 사용 시 감정: 노란색).

③ 자녀가 적은 감정을 토대로 편안하게 이야기를 나눠 보세요.

(참고자료에 있는 아이들이 인터넷을 계속하게 되는 이유를 보시면 자녀와 이야기하시는 데 도움이 되실 거예요.)

<참고자료> 아이들이 인터넷을 계속하게 되는 이유

영역	원인
가정	지시적인 부모의 잔소리, 부모와의 대화부족, 애정결핍, 훈육부족, 부모 간 불화, 한 부모 가정
친구	왕따, 친구들에게 인정받고 어울리기 위해서, 외로움을 느껴서
학교	공부를 해도 성적이 오르지 않아서, 주의 집중이 잘 안 돼서, 학교생활에 부적응을 해서, 성적이나 과다한 학업에 대한 스트레스로 인해서
심리·정서	낮은 자존감, 외로움, 우울감, 불안감, 초조감, 반항성, 충동성, 자기 정체성의 혼란을 느껴서
기타	익명성, 접근용이성, 성취감 획득, 현실과 다른 새로운 자아상을 형성할 수 있어서

<활동해 보기 2>

① 자녀가 만화를 보고 나름대로 자신만의 이야기를 만들어 보게 하세요.

② 자녀가 만든 이야기를 들어 보고 편안하게 이야기를 나눠 보세요. 이때 자녀가 인터넷을 사용하다 자신이 원하는 대로 되지 않았을 때(가령 갑자기 인터넷이 다운되거나, 게임을 하다가 PK를 당했을 때: PK란 게임상에서 상대 캐릭터를 죽이는 것을 의미합니다) 어떤 기분이 들었는지 이야기를 나눠 보세요.

③ 인터넷을 계속해서 많이 사용하면 자신의 감정조절이 잘 되지 않아서 주변 사람들과 다툼이 생길 수 있음을 알려 주세요.

<함께하는 부모님을 위한 페이지>

아이가 쉽게 화를 내고 스트레스도 잘 받아요

인터넷을 많이 사용하는 아이들은 스트레스를 잘 받고 쉽게 화를 내는 특징이 있습니다. 스트레스는 사람의 뇌기능 저하를 가져오는데 이는 정상적인 뇌에 비해 주의력과 학습, 기억기능을 떨어뜨립니다. 그리고 화는 신체적인 변화에 영향을 주어 건강을 해치고 개인의 정서와 관계에 어려움을 줍니다. 자녀의 스트레스 및 화를 다스리는 방법의 핵심은 우선 스트레스와 화가 쌓이지 않도록 하는 것입니다. 자녀에게 과도한 스트레스나 화가 쌓이지 않도록 하기 위해서는 부모님께서 자녀가 기본적으로 최상의 컨디션을 유지하고 숙면을 하도록 지도해야 하며 평상시 적절한 운동을 통해 인터넷 사용문제를 해결할 수 있도록 도와주어야 합니다.

방법 하나

균형 있는 식사를 할 수 있도록 도와주세요

인터넷을 많이 사용하는 아이들은 보통 인스턴트식품으로 식사를 대신하거나 자주 식사를 거르는 경향이 있습니다. 또한 시간만 나면 인터넷을 사용해서 전반적인 신체기능이 많이 약해져 있습니다. 그러므로 부모님께서는 인터넷에 빠져 있는 아이가 편식하거나 끼니를 거르지 않고 골고루 영양상태의 균형을 맞추어 잘 먹도록 도와주어야 합니다.

방법 둘

규칙적인 생활습관을 가질 수 있도록 지도해 주세요

인터넷을 많이 사용하는 아이들은 밤늦게까지 잠을 자지 않고 인터넷을 하는 경향이 있습니다. 그러므로 부모님께서는 자녀가 숙면을 할 수 있도록 하며 규칙적으로 일정시간 동안 운동할 수 있도록 지도해 주어야 합니다.

<참고자료> 자녀의 스트레스 및 분노해소에 도움이 되는 음식

스트레스로 힘들 때는 빵, 국수, 과자 등 탄수화물이 풍부한 음식을 자녀에게 먹이면 좋습니다. 탄수화물은 뇌에서 '행복 호르몬'이라는 별명을 가진 호르몬인 '세로토닌'이 많이 나오도록 자극해 신경을 안정시킵니다. 특히 '후루룩' 먹는 면발은 촉각과 후각을 자극해, 자녀의 기분전환에 좋습니다. 초콜릿도 도움이 됩니다. 초콜릿 속 트립토판 성분이 세로토닌으로 바뀌어 기분을 좋게 해 줍니다. 초콜릿에 든 '페닐에틸아민'이란 성분은 뇌의 행복중추를 자극합니다. 사과를 씹어 먹어도 스트레스 해소에 도움이 됩니다. 아작아작 소리에 스트레스가 다소 풀릴 뿐 아니라, 스트레스로 인해 배출된 비타민 무기질을 보충해 주는 효과가 있습니다.

그리고 화나고 짜증날 때는 고추와 마늘, 양파가 듬뿍 들어간 맵고 자극적인 음식이 좋습니다. 화가 나면 몸에서 열이 나는데, 고추의 '캡사이신' 성분이 땀을 내서 체온을 떨어뜨리는 효과가 있습니다. 그리고 마늘에는 항산화제인 '셀레늄' 성분이 함유돼 있는데 셀레늄이 부족하면 쉽게 화가 나고 짜증이 납니다. 또한 양파, 파에는 풍부한 '유화알릴' 성분이 있어 신경을 안정시키는 효과가 뛰어납니다.

〈출처〉 2005년 8월 23일 조선일보

아이가 자기만 생각하고 늘 부정적이에요

인터넷을 많이 사용하는 아이들의 또 다른 특징은 자기만을 생각하고 상대방을 존중하고 이해하는 능력이 부족하며, 주변 사람으로부터 부정적인 말을 자주 들어 늘 부정적 생각을 가지고 있다는 것입니다. 그러므로 부모님께서는 아이들을 이해하고 존중해 주는 대화를 하며 아이에 대해 긍정적인 기대를 가져 주는 것이 필요합니다.

방법 하나

자녀를 잘 이해하고 존중해 주는 대화를 해 주세요

모 일간신문에 학부모에 대한 설문조사에서 부모님들에게 '어떤 부모가 되고 싶은가?'라는 질문에 응답한 대부분의 학부모들이 존경받는 부모가 되고 싶기보다는 친구 같은 부모가 되고 싶다고 대답하였습니다. 그걸 보면 요즘 많은 부모님들이 자녀와 동등한 인간관계를 맺고 싶어 함을 알 수 있습니다. 하지만 그것은 다만 부모님들의 바람일 뿐, 실제행동에서는 그렇지 못한 경우가 너무나 많습니다. 자녀와 친구 같은 대화를 하기 위해서는 서로를 존중해 주는 가운데 친밀하고 속 깊은 대화를 해야 합니다. 그것이 자녀와의 효과적인 대화방법입니다. 이러한 대화방법은 특히, 인터넷을 많이 사용하는 자녀를 둔 부모님께서 자녀를 이해하고 문제를 해결하는 데 있어 크게 도움이 됩니다.

방법 둘

부정적 편견을 가지고 자녀와 대화를 하지 말아 주세요

많은 학부모님들께서 "아이와 대화시간을 많이 가지려고 노력을 하는데 그게 쉽지 않네요", "이야기를 하다 보면 어느새 혼을 내게 돼요."라는 말을 자주 합니다. 이러한 대화는 자녀의 행동에 대한 부정적 편견을 가지게 되면서 흔히 나타나게 됩니다. 자녀와의 효과적인 대화를 하려면 우선 기본적으로 자녀에 대한 편견을 가지지 말아야 합니다. 자녀가 부모의 말을 안 듣고 반복해서 말썽을 피운다고 하여 "내 아이는 정말 구제불능이야"라는 식의 마음속 편견을 가지고 자녀를 대하다 보면 결국 편견이 담긴 대화를 하게 되고 부모－자녀와의 관계는 점점 더 악화될 것이 뻔하기 때문입니다.

방법 셋

자녀의 마음을 진심으로 이해하고 배려해 주는 대화를 해 보세요

친구 같은 부모가 되어 자녀와의 효과적인 대화를 이끌어 내기 위해서는 자녀를 비난하거나 설득하지 말고 자녀의 마음을 진심으로 이해하고 배려해야만 됩니다. 그러려면 먼저 부모가 자신의 감정이나 생각을 자녀에게 솔직하게 표현하고 말하고자 하는 내용도 구체적으로 표현해야 합니다. 그리고 부모의 부정적 감정을 직접적으로 표현하지 않으며 자녀의 탓을 하는 대화도 하지 말아야 합니다. 또한 대화를 할 때에는 자녀의 시선을 맞추면서 이야기를 적극적으로 들어주어야 합니다.

방법 넷

자녀와 대화할 때 이런 행동은 피해 주세요

자녀와 효과적인 대화를 하기 위해서 다음의 몇 가지 사항은 부모님께서 꼭 지켜 주시길 바랍니다. 제가 학교현장에서 근무를 하는 동안 많은 학부모님께서 자녀와의 대화 속에서 아래의 내용을 지키지 않아 부모－자녀 간의 갈등이 심해지는 경우를 보았습니다. 혹 여러분께서 이전에 자녀와의 대화 속에서 이러한 모습을 보였다면 앞으로는 이러한 모습을 보이지 않도록 노력하시기 바랍니다.

<부모가 자녀와의 대화에서 지켜야 할 것들>

첫째, 자녀가 이야기하는 도중 끼어들지 않기
둘째, 자녀의 말꼬리를 달지 않기
셋째, '절대로' 혹은 '언제나'와 같은 말을 쓰지 않기
넷째, 고함을 치거나 신체적 위협 혹은 폭력을 사용하지 않기
다섯째, '관계를 끊자'라는 말을 함부로 하지 않기

(만약 지금 부모님께서 현재 자녀와의 의사소통 스타일이 어떤지 궁금하시다면 p.124의 <부록 12>를 활용해 보세요. 그리고 자녀와의 효율적인 대화방법에 대한 추가적인 설명은 제5장의 <부모님을 위한 페이지>를 참고하시기 바랍니다.)

방법 다섯
자녀에 대해 긍정적인 기대를 가져 보십시오

인터넷에 빠져 있는 아이들은 대개 미래에 대해 불분명한 목표를 가지고 있습니다. 또한 늘 잔소리와 꾸중의 말들을 들어 와서 부정적인 사고가 팽배합니다. 그 결과 대개 인터넷에 빠져 있는 아이들은 자포자기하는 마음으로 하루하루 의미 없이 보내는 경우가 많습니다. 사람은 누구나 남들의 기대에 부응하려는 경향과 자기 자신의 마음속 기대에 부응하려는 경향이 있습니다. 그러므로 인터넷에 빠져 있는 자녀에 대해 부모님께서 긍정적인 기대를 가져 보십시오. 그러면 아이는 그 기대에 부응하려는 생각이 발동해서 행동을 할 것이고 결국 긍정적인 결과를 가져올 것입니다. 하지만 이와는 반대로 아이에 대해 부정적인 생각을 가진다면 그 결과는 정말로 부정적이 될 것입니다.

별을 보는 마음으로

어떤 곳에서 곧바로
좋은 점을 찾아낼 수 있다는 것은
그만큼 밝은 마음의 눈을 가지고 있다는 증거입니다.
세상에는 좋은 점만 찾으려는 사람도 있고,
나쁜 점만 찾으려는 사람도 있습니다.
좋은 점이 하나도 없는 사람은 드물 것입니다.
수많은 나쁜 점들 가운데서 우연히 발견한
단 하나의 좋은 점에 정성을 다하는 사람들이야말로
진실로 마음의 눈이 밝은 사람들입니다.

— 가반도우즈의 〈문둥이 성자 다미안〉 중에서 —

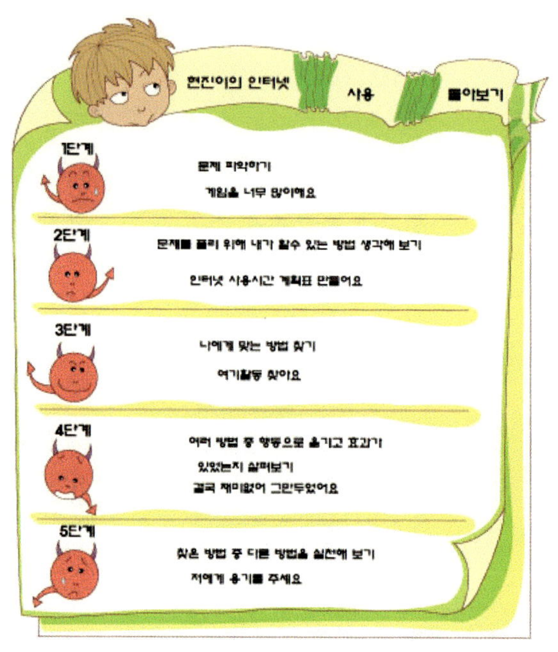

"인터넷 좀 그만 하렴."

"공부는 언제 할래?"

"또 컴퓨터 하는 거니?"

제 5 장

나의 인터넷 사용을 돌아보아요

〈부모님을 위한 활동해 보기 지도요령〉

〈활동해 보기 1〉

① 인터넷을 대신해서 할 수 있는 활동이 많이 있음을 설명해 주세요.
② 보기에서 맞는 답을 골라 적어 보게 하세요.
③ 자신이 좋아하는 활동을 하나 정해서 이번 주에 인터넷 대신에 실천해 보게
   하세요.

〈활동해 보기 2〉

① 인터넷 사용조절을 하는 데 도움이 될 만한 아이디어를 자녀에게 생각해 보게
   하세요.
② 자신만의 인터넷 사용조절 십계명을 자녀가 만들 수 있도록 도와주세요.
③ 자신만의 인터넷 사용조절 십계명을 만들었으면 이후에 자녀가 이를 실천하도
   록 지도해 주세요.

(자녀가 만든 십계명을 코팅하셔서 아이가 가지고 다니면서 실천할 수 있도록
하시면 더욱 좋습니다.)

자녀의 인터넷 문제 해결을 위한 다양한 방법들

하나

자녀 스스로 문제를 해결할 수 있도록 도움을 주십시오

자녀의 인터넷 사용문제를 해결하는 데 있어 무조건 하지 말라고 하는 것이 좋은 방법이 아닙니다. 자녀 스스로 문제를 해결할 수 있도록 도와주세요. 하지만 함께 문제 해결을 도모하는 것도 좋습니다.

둘

자녀가 여가시간을 즐겁게 보낼 수 있도록 도와주십시오

일상생활이 즐거우면 인터넷을 하는 데 자녀들이 에너지를 덜 쏟게 될 것입니다. 대개 인터넷을 많이 하는 아이들이 자신이 인터넷을 사용하는 이유에 대해서 '심심한데 놀 게 없어서', '인터넷이 너무 재미있어서'라고 이야기합니다. 그러므로 부모님께서 아이에게 인터넷을 하지 말라고만 이야기할 것이 아니라 아이가 인터넷을 대신할 수 있는 활동을 찾아서 할 수 있도록 도와주세요.

셋

자녀와의 대화는 이렇게 해 보십시오

자녀와 대화를 하다 보면 부모로서 이해하기 어려운 부분도 많고 아무리 이야기를 잘해 보려고 해도 인터넷만 하는 자녀를 보면 감정이 앞서 자녀에게 화를 내거나 고함을 지르게 되어 결국 서로의 부정적 감정만 쌓여 부모-자녀 간에 거리감을 느끼게 된 경험이 있으실 것입니다. 그럼 어떻게 하면 인터넷을 많이 사용하는 자녀와 편하고 친근하게 이야기를 나눌 수 있을까요?

대개 부모-자녀 간의 대화가 막히는 경우는 의사소통에 있어 부모의 몇 가지

실수로부터 생긴다고 합니다. 즉 몇 가지를 잘못 말하고 행동한다는 것이죠. 여러분께서는 혹 일상생활에서 자녀에게 이런 말을 하지 않으셨습니까? 한번 생각해 보시기 바랍니다.

"공부 좀 해, 너는 도대체 뭐가 되려고 그러니?"   (비난·비판의 말)
"컴퓨터 끄고 그만 공부나 해"   (명령·강요의 말)
"만약 지금 당장 컴퓨터 끄지 않으면 그때는 알아서 해." (경고·위협의 말)
"네 동생 철수는 안 그러는데 너는 왜 그 모양이니?"   (비교의 말)
"인터넷에 빠져 살아라. 이 XX 같은 놈~."   (욕설 조롱의 말)

이런 말들은 자녀와의 관계에서 여러 가지 부작용을 발생시킵니다. 그렇다고 하면 갈등 없이 자녀의 문제를 해결할 수 있는 의사소통 방법은 무엇일까요?

첫째

인정하는 말, 칭찬하는 말, 사랑하는 말을 많이 해 주십시오

이러한 말은 자녀의 자존감을 높여 주는 데 도움이 됩니다. 보통 어떤 일을 성취했을 때 많이 사용하지만 사실 아이들에게는 성공했을 때보다 실패했을 때 더 필요한 말입니다.

예를 들어 인터넷 사용 시간이 계획했던 시간보다 비록 많았다 하더라도, 줄이려고 노력했던 시도에 "엄마는 너의 노력하는 모습이 자랑스러워. 좀만 더 노력하면 줄일 수 있을 거야."라고 한다면 자녀도 나름대로 인터넷 사용 시간을 줄이려고 더 노력을 할 것입니다.

둘째

상대방의 감정이나 생각을 수용하고 이해하는 나 – 전달법을 활용해 보십시오

보통의 부모님들은 자녀에게 상대방의 탓을 하고 지적하는 '너 – 전달법'을 많이 사용하는데 '나 – 전달법'을 사용하면 자녀의 문제 해결에 훨씬 더 도움이 될 것입니다.

예를 들어 "너 엄마 말 안 들을래? 엄마가 아까 뭐라고 했어. 컴퓨터 그만하고 학원 갈 준비하라고 했지? 너 지금 당장 컴퓨터 안 꺼?"(너 – 전달법)라고 하는 것보다 "현진아, 네가 오랫동안 인터넷 게임만 하니 엄마는 속상하고 또 네가 걱정스럽구나. 좀 있으면 학원도 가야 되지 않니? 이제 컴퓨터 그만하고 학원 갈 준비를 하면 좋겠는데 그래 줄 수 있겠니?"라고 하는 것이 듣는 자녀의 입장에서 받아들이기가 더 편할 것입니다.

셋째

대화하기 이전에 자녀가 우선 준비가 되어 있는지 살펴보십시오

성급하게 대화를 하면 오히려 "엄마는 잘 알지도 못하면서 괜히 그래……."라는 말을 들을 수 있습니다. 자녀와의 대화에서 중요한 점은 대화의 성질을 파악하는 것입니다. 가족이 다 있는 자리에서 이야기할 수 있는 것이 있고 단둘이 할 수 있는 이야기가 따로 있습니다. 그것을 구별하지 않고 대화를 시도하면 오히려 자녀가 상처를 입고 갈등도 더 커질 수 있습니다. 자녀와 단둘이 대화할 필요가 있다고 생각이 되면 "엄마랑 잠깐 이야기 좀 할까?"라는 식의 단도직입적인 대화를 하면 시작 전부터 분위기가 어색할 수 있습니다. 그러므로 아이가 좋아할 만한 쇼핑이나, 텔레비전 등을 함께 보면서 자연스럽게 둘만의 시간을 가지면서 이야기하는 것이 좋습니다. 즉 대화방법 이전에 중요한 것은 자녀들과 이야기할 만한 분위기와 장소, 대화주제를 정하는 것입니다.

"인터넷 좀 그만 하렴."

"공부는 언제 할래?"

"또 컴퓨터 하는 거니?"

제 6 장

난 할 수 있어!

I can do it!

<함께하는 부모님을 위한 페이지>

자녀문제의 반은 부모의 책임입니다

인터넷 문제를 가진 자녀를 둔 부모님들께서 가장 많이 하는 이야기는 "우리 아이는 왜 그런지 모르겠어요." 하는 것입니다. 모든 문제의 원인이 자녀에게 있다고 보고 있는 것이죠. 하지만 아이들의 문제를 만드는 데에는 부모님도 큰 비중을 차지하고 있음을 알아야 합니다. 인터넷을 아이 마음대로 사용할 수 있도록 허락하는 사람도, 바쁘다는 핑계로 자녀가 인터넷으로 무엇을 사용하는지 관심을 가지지 못한 사람도 부모이며 자녀와 함께하는 시간을 내지 못한 사람도 부모인 경우가 많기 때문입니다. 부모가 자녀에게 어떻게 하느냐가 자녀에게 중요한 영향을 미칠 수 있음을 기억하십시오. 자녀의 인터넷 문제를 예방하기 위해서는 아이들이 인터넷을 사용하기 시작하는 초등학생 시기에 좋은 습관을 가지도록 도와주는 것이 매우 중요합니다. 요즘 많은 부모님들이 자녀의 인터넷 사용지도에 어려움을 호소합니다. 도대체 어떻게 자녀를 지도할지 모르겠다고 말입니다. 하지만 자녀와의 관계 속에서 생기는 어려운 문제도 긍정적으로 보면 쉽게 풀어 갈 수 있음을 기억하시고 아래의 방법을 활용해 보십시오.

방법 하나

자녀와 함께하는 시간을 최대한 많이 가져보십시오

많은 부모님들이 맞벌이로 아니면 바쁘다는 이유로 자녀와 함께하는 시간을 가지지 못하는 경우가 많습니다. 자녀와 최대한 많은 시간을 함께하려고 노력해 보시기 바랍니다. 함께 밥 먹고, 대화하고, TV보고, 운동하고, 공부하고 심지어 아이가 인터넷을 사용할 때도 함께해 주는 것이 좋습니다.

방법 둘

아이의 훈육에 아빠들도 참석해 보십시오

대부분의 아빠들은 아이의 훈육은 엄마가 책임져야 하는 걸로 알고 있는 경우가 많습니다. 많은 아빠들이 직장의 일로 자녀훈육에 소홀히 하는데 자녀의 인터넷 문제를 해결하기 위해서는 부부가 합심하여 훈육을 할 때 더 효과가 있음을 기억하시기 바랍니다. 또 한 가지 기억하셔야 할 것은 부부의 훈육일치도 매우 중요하다는 것입니다. 엄마와 아빠가 인터넷 사용에 대해 서로 다른 훈육을 하면 아이는 혼란스러워할 수 있습니다. 부부의 훈육이 일치할 때 아이의 문제가 해결될 수 있는 가능성이 높을 수 있음을 꼭 기억하시기 바랍니다.

방법 셋

민주적이고 일관성 있는 양육태도로 자녀를 지도하십시오

많은 부모님들이 자녀를 민주적으로 양육해야 한다고는 알고 있습니다. 하지만 민주적인 양육태도는 아이가 원하는 것을 무조건적으로 허용을 해 주는 것이 아닙니다. 민주적인 양육태도는 적절한 허용과 통제를 하는 것입니다. 부모의 일방적인 주장이 아닌 자녀와 부모의 입장을 적절히 조화시켜 나가면서 허용과 통제의 선을 정하는 것입니다. 이 과정에서 부모는 일관성 있는 양육태도의 모습을 보여주어야 합니다. 부모의 기분에 따라 허용과 통제의 선이 수시로 달라지면 자녀는 부모에게 불만을 가질 수밖에 없고 그 결과 문제의 심각성은 더욱 심해질 수 있기 때문입니다. 그러므로 부모님들은 아이들이 공정하다고 생각할 수 있도록 일관성 있는 양육태도로써 자녀의 좋은 역할모델이 되어 주어야 합니다.

방법 넷

부모 자신의 인터넷 사용능력을 키우십시오

인터넷은 잘 사용하면 자녀에게 유익한 도움을 줄 수 있지만 잘못 사용하면 커다란 해를 입힐 수 있습니다. 그러므로 부모님들은 자녀의 인터넷 사용에 대해 점검하고 지도할 수 있는 능력을 갖춰야 합니다. 즉 부모 자신이 먼저 인터넷 사용능력을 키워 자녀의 올바른 인터넷 사용을 가르쳐야 합니다. 부모가 이러한 능력을 갖추지 못한다면 결국 아이는 인터넷에 빠져 더욱 심각한 상황에 처하게 될 수 있습니다(배움나라: http://www.estudy.or.kr/에 들어가시면 부모님 들께서 무료로 온라인 교육을 받으실 수 있습니다).

<참고자료> 인터넷 사용자관리 서비스

회사 사이트	서비스 이름	내용	요금
하나로 텔레콤	하나포스 우리아이 (woori-i.hanfos.com)	부모가 PC, 인터넷, 게임 등의 사용 시간을 설정하고 인터넷과 휴대폰 문자서비스를 통해 자녀의 PC이용 상황을 관리할 수 있음. 방문사이트 기록 등 인터넷 사용내용확인과 자녀가 이용한 게임정보도 제공	월 3,300원
KT	메가패스 클린아이, 타임코디(megapass.net 접속해 클린인터넷 선택)	자녀의 음란, 폭력, 자살, 도박 등 유해사이트에 접근하는 것을 차단(메가패스 클린아이), 사용 시간 조절(타임코디)	각각 월 3,300원 두 가지 서비스 함께 사용 시 월 5,500원
LG파워콤 (엑스피드)	클린웹(www.xpeed.com)	유해사이트 접속차단	월 3,300원
야후 코리아	텔레키퍼 (telekeeper.yahoo.co.kr)	휴대폰을 이용해 자녀의 PC사용 관리(원격조종으로 PC강제종료 가능)	월 3,300원 (휴대전화 요금 별도)
파란	자녀PC관리 (guardian.paran.com)	휴대폰 등 원격으로 자녀의 컴퓨터 사용을 관리	월 4,400원
엠파스	타임키퍼 (timekeeper.empas.com)	요일, 시간대별로 자녀의 인터넷 사용을 제한	월 3,300원
네이버	자녀PC관리 (safepc.naver.com)	자녀의 컴퓨터 사용 시간제한, 유해사이트 접속차단, 허가받지 않은 동영상 보는 것도 제한, 자녀의 PC사용기록 제공(이메일)	월 3,300원

인터넷의 검은 유혹에서 우리 아이 지키기

_부록

<부록 1>

자녀의 인터넷 문제 자가 진단법(초등학생)

번호	질문 내용	전혀 아니다	가끔 그렇다	보통 그렇다	자주 그렇다	대부분 그렇다	항상 그렇다
1	당신의 자녀는 인터넷 사용에 대해서 정해 놓은 시간을 자주 어깁니까?	⓪	①	②	③	④	⑤
2	당신의 자녀는 인터넷 사용으로 집안일(혹은 학업)을 소홀히 한 적이 있습니까?	⓪	①	②	③	④	⑤
3	당신의 자녀는 가족과 함께 즐기기보다 컴퓨터 하는 것을 더 좋아합니까?	⓪	①	②	③	④	⑤
4	당신의 자녀는 사이버 공간에서 새로운 친구를 사귑니까?	⓪	①	②	③	④	⑤
5	당신은 자녀의 인터넷 사용 시간에 대해서 불평을 자주 토로합니까?	⓪	①	②	③	④	⑤
6	자녀의 인터넷 사용 때문에 성적이나 학교생활에 문제가 있습니까?	⓪	①	②	③	④	⑤
7	당신의 자녀는 해야 할 일을 미루고 먼저 인터넷에 접속부터 합니까?	⓪	①	②	③	④	⑤
8	당신의 자녀는 인터넷을 시작한 이후로 다른 사람과의 관계가 감소했습니까?	⓪	①	②	③	④	⑤
9	자녀에게 인터넷에서 무엇을 했냐고 물어보면 숨기거나 얼버무립니까?	⓪	①	②	③	④	⑤
10	당신의 자녀는 당신의 의사를 무시하고 몰래 컴퓨터 접속을 합니까?	⓪	①	②	③	④	⑤
11	당신의 자녀는 자기 방에서 자주 혼자 컴퓨터를 합니까?	⓪	①	②	③	④	⑤
12	당신의 자녀는 인터넷에서 알게 된 새로운 친구들과 전화를 한 적이 있습니까?	⓪	①	②	③	④	⑤
13	당신의 자녀는 컴퓨터를 사용하는 동안 방해를 받으면 소리를 지르고 화를 낸 적이 있습니까?	⓪	①	②	③	④	⑤

인터넷의 검은 유혹에서 우리 아이 지키기

번호	질문 내용	전혀 아니다	가끔 그렇다	보통 그렇다	자주 그렇다	대부분 그렇다	항상 그렇다
14	당신의 자녀는 밤늦게까지 접속해 있느라 잠을 자지 못해 그전보다 피곤해하거나 지쳐 보입니까?	ⓞ	①	②	③	④	⑤
15	당신의 자녀는 인터넷을 하지 않을 때에도 접속할 생각에 몰두해 있거나 인터넷을 사용하려고 자주 시도하나요?	ⓞ	①	②	③	④	⑤
16	당신의 자녀의 인터넷 사용 시간에 대해 간섭했을 때 자녀는 자주 짜증을 내나요?	ⓞ	①	②	③	④	⑤
17	자녀는 다른 취미활동이나 밖에 나가 노는 것보다 컴퓨터 하는 것을 더 좋아하나요?	ⓞ	①	②	③	④	⑤
18	당신이 자녀의 컴퓨터 사용 시간을 제한했을 때 자녀는 자주 화를 내나요?	ⓞ	①	②	③	④	⑤
19	당신의 자녀는 친구와 밖에 나가 노는 것보다 인터넷 사용을 더 좋아합니까?	ⓞ	①	②	③	④	⑤
20	자녀가 컴퓨터 접속을 하지 않을 때에는 우울하고 침울하며 신경질적이 되었다가 다시 온라인 상태로 오면 이런 감정들이 사라진 것처럼 보인 적이 있습니까?	ⓞ	①	②	③	④	⑤

〈출처〉 인터넷중독예방상담센터

■ 채점 및 해석

점수를 합계 내고 유형군별의 해석내용을 참조하세요.

- **20점~39점: 괜찮습니다**

  ＝평균적인 이용자로서, 인터넷 이용을 스스로 조절할 수 있습니다. 1일 약 1시간 정도의 접속시간을 보이며, 대부분이 인터넷 사용에 문제가 없다고

느낍니다. 심리적 정서문제나 성격적 특성에서도 특이한 문제를 보이지 않으며, 자기 행동을 잘 관리한다고 생각합니다. 주변 사람들과의 대인관계에서도 자신이 충분한 도움을 받을 수 있다고 느끼며, 심각한 외로움이나 곤란함을 느끼지 않습니다.

- **40점~69점: 어려움이 있을 수 있습니다**
  = 인터넷 문제로 어려움을 경험한 경우가 많습니다. 문제가 심각하지는 않지만, 일상생활에서 어려움을 보이며 인터넷 사용 시간이 늘어나고 계속 인터넷을 하고자 합니다. 학업에 어려움이 나타날 수 있으며, 심리적 불안을 보이지만 절반 정도의 학생은 자신이 아무 문제가 없다고 느낍니다. 대체로 1일 2시간 정도의 접속 시간을 보이며, 다분히 계획적이지 못하고 자기조절에 어려움을 보이며 자신감도 낮습니다.

- **70점~100점: 어려움이 있습니다**
  = 인터넷 문제가 크다고 볼 수 있으며 인터넷 때문에 생활에 중대한 문제가 발생하고 있습니다. 지금 당장 문제 해결을 위한 행동을 취해야 합니다. 인터넷 사용으로 인하여 일상생활에서 심각한 어려움이 나타납니다. 사이버 공간에서의 대인관계가 대부분이며, 비도덕적 행위와 막연한 긍정적 기대가 있고, 현실 생활에서도 인터넷에 접속하고 있는 듯한 착각을 하기도 합니다. 이들의 접속시간은 1일 약 3시간 이상이며, 대개 자신의 인터넷 문제를 인식하고 있으며, 학업에 곤란을 겪습니다. 또한, 심리적으로 불안 및 대인관계 어려움, 우울한 기분 등이 흔하며, 성격적으로 자기 조절에 심각한 어려움을 보이고 무계획적인 충동성도 높은 편입니다. 현실세계에서 사회적 관계에 문제가 있으며 외로움을 느끼는 경우도 많습니다.

초등 저학년 인터넷 게임중독 문제 자가 진단법(학부모)

번호	게임중독 행동특성 내용	전혀 그렇지 않다	때때로 그렇다	자주 그렇다	항상 그렇다
1	우리 아이는 친구들과 만나는 것보다 집에서 게임하는 것을 더 좋아한다.	①	②	③	④
2	우리 아이는 또래와 놀 때에도 주로 게임을 한다.	①	②	③	④
3	우리 아이는 가족이나 친지의 모임에서도 게임만 하려고 한다.	①	②	③	④
4	우리 아이는 외출을 할 경우(게임을 하고 싶어) 집에 빨리 들어오려고 한다.	①	②	③	④
5	우리 아이는 게임아이템을 사달라고 하거나 캐시 충전을 해 달라고 조르는 경우가 있다.	①	②	③	④
6	우리 아이의 놀이나 대화내용은 주로 게임과 관련된 것이다.	①	②	③	④
7	우리 아이는 게임 이외의 다른 활동에는 별다른 흥미가 없다.	①	②	③	④
8	우리 아이는 일상생활 중에도 게임에 대한 생각을 많이 한다.	①	②	③	④
9	우리 아이는 밖에서 노는 것보다 집에서 게임하기를 원한다.	①	②	③	④
10	우리 아이는 게임을 못 하게 하면, 불안해하거나 다른 일에 의욕을 보이지 않는다.	①	②	③	④
11	우리 아이는 게임을 하지 못한 날에는 괜한 심통을 부리거나 사소한 일에 화를 낸다.	①	②	③	④
12	우리 아이는 게임을 할 때 자기도 모르게 욕을 하거나 흥분된 모습을 보인다.	①	②	③	④
13	우리 아이는 게임을 할 때 컴퓨터가 느리거나 게임 사이트에 문제가 생기면 안절부절못하며 과격하게 행동한다.	①	②	③	④
14	우리 아이는 폭력적이거나 잔인한 게임 장면에 아무렇지도 않게 반응한다.	①	②	③	④

번호	게임중독 환경특성 내용	전혀 그렇지 않다	때때로 그렇다	자주 그렇다	항상 그렇다
1	부모의 형편상(직장생활, 질병 등) 집에서 아이의 하루생활을 관리하는 데 어려움이 있다.	①	②	③	④
2	우리 아이는 혼자서 시간을 보내는 경우가 많다.	①	②	③	④
3	우리 아이가 게임을 하는 데 보내는 시간이 얼마나 되는지 알고 있다.	①	②	③	④
4	아이가 하는 게임의 종류나 시간에 대해 일관된 양육기준을 가지고 관리한다.	①	②	③	④

〈출처〉 인터넷중독예방상담센터

■ 채 점 및 해 석

점수를 합계 내고 유형군별의 해석내용을 참조하세요.

게임중독 환경특성 \ 게임중독 행동특성	부적절(22점 이상)	적절(21점 이하)
부적절(9점 이상)	위험군	환경개선군
적절(8점 이하)	잠재군	일반군

- **게임중독 행동특성 22점 이상이고, 게임중독 환경특성 9점 이상**
  (게임중독 경향 위험군)
  =현실세계보다는 가상의 게임세계에 대한 흥미가 높아 게임에 몰입하고 있으며, 게임을 중단하는 경우 부정적인 행동이나 정서반응을 보입니다. 부모와 가정 환경적 특성이 자녀의 부정적 게임행동을 조장하는 경향이 크기 때문에 앞으로 게임중독으로 발전할 경향성이 있습니다. 따라서 아동의 게임행동 문제 전문상담 및 부모교육이 필요합니다.

- 게임중독 행동특성 22점 이상이고, 게임중독 환경특성 8점 이하
  (게임중독 경향 잠재군)

  ＝현실세계보다는 가상의 게임세계에 대한 흥미가 높아 게임에 몰입하고 있으며, 게임을 중단하는 경우 부정적인 행동이나 정서반응을 보입니다. 부모와 가정 환경적 특성이 자녀의 게임행동에 비교적 적절한 대처를 하고 있으나 유아의 게임 행동을 보다 적절히 조절해 주지 않는다면 앞으로 게임중독의 위험성이 높습니다. 따라서 아동의 게임행동 문제 상담 및 관리가 필요합니다.

- 게임중독 행동특성 21점 이하이고, 게임중독 환경특성 9점 이상
  (게임중독 경향 환경개선군)

  ＝현재 나타나고 있는 게임중독 행동의 문제는 적으나 부모와 가정 환경적 특성이 적절한 지도와 대처를 하지 못하기 때문에 환경적 문제의 개선이 이루어지지 않으면 앞으로 아동의 게임중독 행동의 문제가 나타날 가능성이 있습니다. 따라서 게임행동에 대한 지속적 관리 및 부모교육이 필요합니다.

- 게임중독 행동특성 21점 이하이고, 게임중독 환경특성 8점 이하
  (게임중독 경향 일반군)

  ＝게임행동과 이에 대한 부모 및 가정 환경적 대처가 적절하므로 게임중독의 경향성은 상대적으로 낮습니다. 하지만 지속적인 관심과 지도가 필요합니다.

<부록 3>

인터넷 중독 예방을 위한 기본적인 지침

1. 컴퓨터는 가족이 공유하는 장소에 둔다.

2. 방과 후 할 일을 먼저 한 후 컴퓨터를 켠다.

3. 학습이나 과제 수행을 위한 인터넷 활용을 늘린다.

4. 하루에 사용하는 컴퓨터 시간을 미리 정해 둔다.

5. 특별한 목적 없이 인터넷에 1시간 이상 머무르지 않는다.

6. 컴퓨터 사용 시간과 내용을 컴퓨터 사용일지에 기록한다.

7. 유해정보로 의심되면 열지 말고 바로 지운다.

8. 인터넷을 하면서 식사나 군것질을 하지 않는다.

9. 인터넷 사용 때문에 취침시간을 넘기지 않는다.

10. 인터넷 이외의 취미생활, 운동, 문화 활동을 늘린다.

<부록 4>

자녀의 올바른 인터넷 사용을 위한 부모의 행동요령

1. 인터넷 사용 시간을 강압적으로 통제하기보다 자녀와 협의한다.

2. 부모도 컴퓨터에 대해 알고 인터넷을 활용할 수 있도록 한다.

3. 컴퓨터는 가족이 공유하는 장소에 둔다.

4. 자녀의 학습을 돕는 긍정적인 인터넷 사용을 격려한다.

5. 자녀가 여가시간에 인터넷 사용 이외의 다른 취미활동을 할 수 있도록 유도한다.

6. 인터넷을 사용하면서 식사나 군것질을 하지 않게 한다.

7. 부모가 자녀의 인터넷 사용에 대한 일관된 태도를 보여준다.

8. 자녀 스스로 인터넷 사용 시간 조절이 어려울 경우 시간관리 소프트웨어를 설치해 준다.

9. 부모가 자녀의 평소 생각이나 고민에 대해 관심을 보여준다.

10. 자녀의 인터넷 사용으로 생활부적응이나 갈등이 지속되면 전문상담기관의 도움을 받는다.

<부록 5>

자녀의 인터넷 문제를 해결하기 위한 sTOP & NEW sTART 전략

(문제 해결을 위한 12단계 프로세스)

1단계 S = Stop

자녀가 인터넷을 하고 싶을 때면 잠시 멈춰 Stop이라는 단어를 생각해 보게 하십시오. 그런 다음 하지 않은 일이 있는지 생각해 보게 하십시오.

2단계 T = Think

인터넷을 오랫동안 하고 싶은 상황이면 무엇이 나중에 문제가 될 수 있는지 생각해 보게 하십시오.

3단계 O = Options

인터넷 문제를 해결하기 위해 어떤 선택들을 할 수 있으며 각각의 선택은 어떤 장·단점이 있는지 생각해 보게 하십시오. 그리고 선택하게 하십시오.

4단계 P = Plan

자신에게 맞는 인터넷 사용 계획표 및 생활계획표를 짜고 실행하게 하십시오.

5단계 N = Negotiation

인터넷을 조절했을 때 자녀가 원하는 긍정적인 보상을 생각해 보게 하고 가능한

수준에서 협상하십시오.

6단계 E = Effect

인터넷 문제가 해결되었을 때 얻을 수 있는 효과에는 무엇이 있는지 생각해 보게
하십시오.

7단계 W = Weakness

인터넷 문제 해결에 있어 자신의 약점(단점)을 찾고 이를 극복하도록 도와주십시
오.

8단계 S = Strength

인터넷 문제 해결에 있어 자신의 강점(장점)을 찾고 계속적으로 강화시킬 수 있도
록 도와주십시오.

9단계 T = Threats

인터넷 문제를 해결하는 데 방해되는 주변의 위협(방해) 요인들을 찾아보게 하십
시오.

10단계 A = Analysis

자신이 그동안 어떻게 인터넷을 사용해 왔는지 인터넷 사용패턴을 되돌아보고
분석해 보게 하십시오.

11단계 R = Relapse

스스로 하고 싶은 인터넷을 조절한다는 것은 어려운 일이며 예전처럼 다시 인터
넷을 오랫동안 사용할 수도 있음을 기억하게 하고 혹 그렇게 된다고 해도 실망하
지 않게 지도해 주십시오.

12단계 T = Tell

인터넷 문제를 해결하는 데 있어 혼자 고민하지 말고 언제든지 부모님께 이야기
하도록 지도해 주십시오.

〈출처〉 신재정 외 「알코올 전문 치료자가 되는 길」 중 일부 발췌 및 수정

<대 6>

자녀의 올바른 게임 사용 지도법

자녀가 건전하게 게임을 사용하는 데 있어 아래의 내용을 지켜 사용할 수 있도록
지도해 주십시오.

  첫째, 자녀가 해야 할 일을 다 한 다음에 게임을 하도록 지도해 주십시오
인터넷이 아무리 재미있어도 너무 오래하는 것은 좋지 않습니다. 하루에 2시간
이상은 인터넷을 하지 않도록 하고, 인터넷을 사용하더라도 50분 사용 후 10분씩
휴식을 취하도록 지도해 주십시오. 휴식시간에는 간단한 스트레칭이나 햇볕을
쬘 수 있도록 해 주십시오.

  둘째, 자녀가 나이에 맞는 등급의 게임을 이용할 수 있도록 지도해 주십시오
인터넷 게임에는 각기 등급이 있습니다. 나이에 맞지 않는 등급의 게임은 청소년
에게 유해한 영향을 미칩니다. 자녀가 자신에게 맞는 게임을 선택할 수 있도록
지도해 주십시오. 보통 청소년에게 허용되는 게임은 '전체 이용가', '12세 이용가
게임'이며 15세가 넘는 경우에는 '15세 이용가' 게임을 해도 되지만 '18세 이용가'
게임은 그 나이가 되기 전에 이용해서는 안 됩니다.

  셋째, 자녀들이 게임을 사용하면서 기본적인 인터넷 예절(네티켓)을 지킬 수 있도록
지도해 주십시오
다른 사람을 대할 때는 항상 기본적인 예의를 지켜야 하며 게임이나 채팅을 하면

서 또는 인터넷 게시판에 글을 올릴 때도 마찬가지임을 알려 주십시오. 상대방이 기분 상하는 일을 해서는 안 되고 서로의 얼굴은 보이지 않더라도 상대방과 직접 마주 보고 이야기한다고 생각할 수 있도록 지도해 주십시오. 그리고 상대방과 입장을 바꾸어 생각해 보면서 대화하는 습관을 가질 수 있도록 지도해 주십시오.

   넷째, 게임이 자녀에게 어떤 영향을 주고 있는지 생각해 볼 수 있는 기회를 제공해 주십시오
자녀들에게 인터넷 게임이 자신에게 어떤 도움을 주고 있는지 물어보십시오. 자녀가 인터넷 게임을 하기 때문에 얻는 것이 무엇인지 또 인터넷 게임으로 자신이 피해받는 것은 어떤 것이 있는지 생각해 볼 수 있는 기회를 제공해 주십시오. 만약 자녀가 과도한 인터넷 사용으로 곤란을 겪고 있는 부분이 있다고 이야기한 다면 부모님께서 자녀와 함께 인터넷 사용습관을 고칠 수 있도록 지도해 주시기 바랍니다.

   다섯째, 자녀가 게임과 현실을 잘 구분할 수 있도록 지도해 주십시오
인터넷 게임은 놀이일 뿐입니다. 게임에서는 현실에서 할 수 없는 일을 할 수 있지만 현실에서는 그럴 수 없습니다. 만약 게임에서 할 수 있었던 일을 현실에서 도 똑같이 하려고 한다면 자칫 위험할 수도 있습니다. 현실과 게임 상황이 다르다 는 것을 충분히 알려 주어 자녀가 이를 혼동하지 않도록 해 주십시오(신문기사를 인용하여 설명해 주는 것도 하나의 방법이 될 수 있습니다).

〈출처〉 한국게임산업개발원

<h1 style="text-align:center"><부록 7></h1>

자녀의 올바른 채팅 사용 지도법

첫째, 가족회의를 통해서 가족 구성원 각자가 컴퓨터를 사용하는 시간을 정해서 사용하도록 해 보십시오
아이들은 집에서 가장 많이 채팅을 합니다. 아이들이 집에 있는 컴퓨터 앞에서 하루 종일 앉아 있는 것을 방지하기 위해서는 적절한 컴퓨터 사용 시간을 정해서 하도록 하는 것입니다.

둘째, 컴퓨터를 자녀의 방보다는 거실과 같은 공용공간에 설치해 보십시오
그러면 온 가족이 함께 컴퓨터를 할 수 있는 기회가 생길 수 있을 것입니다. 또한 부모님들은 자녀들이 컴퓨터로 무엇을 하고 있는지 볼 수 있어 안심할 수 있으며 아이들은 자제하면서 컴퓨터를 사용할 수 있을 것입니다.

셋째, 채팅 중에 개인정보를 알려 주거나 직접 만나는 것에 주의하도록 지도해 주십시오
아이들이 채팅을 하면서 이름, 나이, 주소, 전화번호, 학교, 비밀번호 등을 알려 주지 않도록 하고, 부모의 허락 없이 채팅에서 만난 사람을 직접 만나지 않도록 지도해 주십시오.

넷째, 채팅 중에는 네티켓을 지킬 수 있도록 지도해 주십시오
채팅 중에는 상대방에게 친절하고 존중하며 비방성 말이나 욕 그리고 음란한 말을 하지 않도록 지도해 주십시오.

〈출처〉 정보통신윤리위원회

<부록 8>

가정에서의 인터넷 음란물 대처방법

  첫째, 컴퓨터를 어떻게 사용하는지 잘 모르는 상태라면 음란물 차단 프로그램을
구입하여 설치하십시오
정보통신윤리위원회(www.icec.or.kr)이나, 청소년보호위원회(www.youth.co.kr), 학
부모정보감시단(www.cyberparents.or.kr) 등의 홈페이지에 접속하면 음란스팸 차단
SW나 게임정보 알림이 등을 무료로 다운로드 받을 수 있습니다.

  둘째, 가족 공용공간에 컴퓨터를 설치하십시오
거실 등 온 가족이 언제든 지켜볼 수 있는 곳에 컴퓨터를 설치하게 되면 부모
몰래 성인물에 접촉하는 빈도를 줄일 수 있을 것입니다.

  셋째, 밤늦은 컴퓨터 사용을 자제토록 지도해 주십시오
아이들이 음란물을 보는 시간대는 주로 늦은 밤입니다. 긍정적인 목적으로 컴퓨
터를 사용하더라도 밤늦게 사용하는 것은 생활리듬 유지에 좋지 않으므로 자제시
키시기 바랍니다.

  넷째, 주민등록번호, 신용카드번호를 잘 관리해 주십시오
대부분의 인터넷 음란 사이트는 무료임을 가장해 신용카드 번호를 입력하게 하여
회원 가입을 유도합니다. 또는 이용을 위해 성인인증과정을 거치는데 이때 주민
등록번호를 적게 하고 있습니다. 실수로 주민등록번호, 신용카드번호를 노출하여

자녀가 인터넷 음란물의 피해자가 되지 않도록 부모님들께서 주민등록번호, 신용카드번호를 잘 관리하시기 바랍니다.

다섯째, 컴퓨터 외에 다른 여가활동을 할 수 있도록 지도해 주십시오
아이들이 음란물에 지나치게 빠지게 되면 커다란 부작용이 발생할 수 있습니다. 음란물에 집착하지 않도록 스포츠나 문화 활동 등 현실적인 취미를 갖게 하십시오.

여섯째, 인터넷 활용능력을 키우십시오
자녀들이 어떤 사이트에 자주 접속을 하는지 파악하고, 올바른 인터넷 이용을 지도하기 위해선 부모 스스로 직접 이용할 수 있는 능력이 있어야 합니다.

일곱째, 가정에서 올바른 성교육을 해 주시기 바랍니다
인터넷 음란물에 대응하는 방법 중 가장 기본적인 방법은 올바른 성교육을 하는 것입니다. 성교육이 제대로 되어 있는 아이는 음란물을 보더라도 옳고 그름을 판별할 수 있는 판별력을 갖추게 되므로 음란물의 악영향에서 멀어질 수 있습니다.

<참고자료> 유해 정보 차단 프로그램을 다운로드 받을 수 있는 사이트

프로그램 이름	사이트 주소	기능
컴지기	인터정보 www.icomjigi.com	유해 사이트 차단, 영상 이미지 인식, 컴퓨터 사용 시간 관리(유료)
수호천사	플러스 기술 www.plustech.co.kr	유해 사이트 차단, 인터넷 사용 시간 관리(유료)
모야	학부모정보감시단 www.cyberparents.or.kr	유해 사이트 차단, 컴퓨터 사용 시간 관리
클린e	컴투루테크놀리지 www.cleanspam.co.kr	유해 사이트 차단, 유해 정보 신고, 스팸 메일 차단
음란스팸잡이	정보통신윤리위원회 www.icec.or.kr	스팸 메일 차단

〈출처〉 이영희. 「인터넷에서 내 아이 보호하기」

인터넷의 검은 유혹에서 우리 아이 지키기

<부록 4>

자녀들이 범하기 쉬운 저작권 침해유형

1. 인터넷에서 떠도는 글, 그림, 사진을 퍼서 자신의 홈페이지에 올리는 경우

2. 공유사이트, 웹하드 등에서 자료 주고받는 경우

3. 영화, 음악파일 게시판 자료로 올리는 경우

4. 컴퓨터 프로그램, CD로 구워서 친구들에게 나눠 주는 경우

5. 미니홈피나 블로그 회사에 대가를 지불하지 않은 음악파일을 변환해서 자신의 홈피나 블로그에 배경음악으로 쓰는 경우

6. 인기드라마, 쇼 프로 등 방송 프로그램 캡처하여 인터넷에 올리는 경우

7. 좋아하는 가수 팬클럽 카페에 음악을 올리는 경우

8. 글짓기, 그리기 대회에 다른 사람 글, 그림 베껴서 내는 경우

9. 학교 과제에 인터넷 자료만 그대로 옮겨서 내 것인 양 제출하는 경우

10. 문제집, 참고서 등 학습 자료 스캔해서 학교 홈페이지에 올리는 경우

<참고사이트>

저작권위원회 청소년 저작권 교실 http://1318.copyright.or.kr/
저작권위원회 자유이용사이트 http://freeuse.copyright.or.kr/
저작권 보호센터 http://www.cleancopyright.or.kr/
네이버 저작권 이해하기 http://green.naver.com/legal1.html
문화체육관광부 http://www.copyright.go.kr/

특히 국내 최초의 저작권 교육 사이트인 '청소년 저작권 교실'은 일상생활에서
흔히 접하는 사례를 중심으로 구성된 다양한 메뉴를 통해 자녀들이 꼭 알아야
할 저작권 상식을 쉽고 재미있게 풀어 놓았으니 적극 참고하기 바란다.

<부록 10>

휴대전화 중독 자가 체크표

각각의 문항을 자녀와 함께 읽고 아이들이 자신에게 해당되는 번호에 √ 표시를 해 보게 하세요.

번호	질문 내용	전혀 아니다	약간 그렇다	어느 정도 그렇다	상당히 그렇다	매우 그렇다
1	휴대전화가 없으면 안절부절못한다.	◎	①	②	③	④
2	배터리가 한 눈금만 남으면 불안하다.	◎	①	②	③	④
3	요금이 많이 나와 사용을 줄이려고 한 적이 있다.	◎	①	②	③	④
4	수업 중에도 휴대전화 전원을 끄지 못한다.	◎	①	②	③	④
5	휴대전화를 친구들과 다르게 꾸미고 싶다.	◎	①	②	③	④
6	외워서 걸 수 있는 전화번호가 거의 없다.	◎	①	②	③	④
7	별다른 일이 없으면 전화를 건다.	◎	①	②	③	④
8	휴대전화를 자주 꺼내 전화가 왔는지 확인한다.	◎	①	②	③	④
9	집 전화기가 있는데도 휴대전화를 쓴다.	◎	①	②	③	④
10	수업 중에 문자가 오면 바로 답장을 한다.	◎	①	②	③	④

〈출처〉 가톨릭 대학 성바오르 병원 정신과 윤수정 교수

자녀의 휴대전화 중독 정도: 휴대전화 중독 자가 측정표에서 자녀가 표시한 1번부터 10번까지 √표의 번호를 모두 더한 후, 그 더한 점수가 아래 표에 있는 3개의 점수범위 중에 어디에 해당되는지 확인해 보세요.

나의 자녀의 휴대전화 중독 점수는? (점)	20점 미만=건전 20-29점=주의 30점 이상=중독

자녀의 올바른 휴대전화 사용 지도법

첫째, 휴대전화를 사줄 때 자녀에게 휴대전화의 사용목적을 명확하게 가르쳐 주십시오
휴대전화는 생활상의 필요한 기기이지만 필요할 때만 적절히 책임감 있게 사용하도록 지도를 하는 것이 필요합니다. 또한 휴대전화의 무선인터넷을 통하여 성인 음란물 및 불건전 콘텐츠에 접속하지 않도록 지도하십시오.

둘째, 잘못된 휴대전화 사용이 가져올 수 있는 폐해를 알려 주십시오
오랜 시간 휴대전화를 사용하면 전자파의 피해를 입을 수 있고, 수업시간에 문자 메시지를 보내거나 게임을 하면 선생님께 혼날 수 있으며 과도한 휴대전화 사용으로 인한 요금문제로 부모님께도 혼날 수 있음을 알려 주십시오.

셋째, 자녀가 절제 있고 계획성 있는 휴대전화 사용을 할 수 있도록 지도를 하십시오
휴대전화 요금은 초등학생에게 맞는 요금제로(일례로 SK에서는 초등학생들의 생활패턴에 맞춘 휴대폰 부가서비스와 요금제를 한데 묶은 '자녀안심요금제'를 실시하고 있고, KTF에서는 어린이 전용요금제 '아이러브'를 실시하고 있음) 하도록 하며 자녀가 계획성 있게 휴대전화를 사용할 수 있도록 잘 지도합니다. 그리고 자녀에게 지나치게 비싼 휴대전화를 사 주거나 너무 자주 휴대전화를 바꿔 주지 않습니다.

넷째, 자녀가 여가시간에 주로 사용하는 휴대전화 콘텐츠와 사용 시간에 관심을 가지고 지도하십시오

아이들이 휴대전화 정보서비스를 통해 유해한 정보를 접근할 수 있으므로 자녀가 이런 유해한 정보에 접근하지 않도록 부모의 각별한 관심과 지도가 필요합니다.

다섯째, 부모가 먼저 휴대전화 예절을 지키고 자녀의 휴대전화 예절을 가르치십시오
- 휴대전화 통화 시 고운 말 사용하기
- 상대방이 통화를 할 수 있는지 먼저 확인하기
- 상대방의 통화 실수에 대해 친절을 베풀기
- 전화를 잘못 건 경우 반드시 사과를 한 후 전화를 끊기
- 공공장소에서는 휴대전화를 진동모드로 설정하고 통화를 할 시에는 주변 사람들에게 피해가 가지 않도록 하기
- 문자메시지로 타인을 괴롭히지 않기
- 때와 장소를 가려서 문자보내기

여섯째, 자녀에게 항상 관심을 가지고 대화를 하십시오
부모의 무관심은 자칫 자녀의 휴대전화 의존을 유발시킬 수 있으므로 부모는 항상 자녀에게 관심을 가져야 합니다.

일곱째, 지나친 휴대전화 사용으로 갈등이 심하고 행동조절이 되지 않는 자녀들은 전문가의 도움을 받습니다
과도한 휴대전화 사용이나 집착은 자녀의 정서적, 사회적 문제로 초래될 수 있으므로 전문가의 도움을 받는 것이 바람직합니다.

〈출처〉 인터넷중독예방상담센터

<부록 12>

부모님의 의사소통 스타일은?

이 척도는, 부모님이 자녀와의 의사소통 기술 정도가 어떤지 그리고 어느 부분을 개발해야 하는지를 알려 주는 자가 체크리스트입니다. 한번 체크해 보시고 참고하시기 바랍니다. 각 항목에 진실하고 솔직하게 대답하셔야 합니다.

번호	질문 내용	거의 그렇지 않다	가끔 그렇다	종종 그렇다	거의 그렇다
1	내 자녀는 내가 하는 말을 귀담아 듣는다.	①	②	③	④
2	대화가 끊기면 나는 말의 내용과 말하는 방식을 바꿔서 다시 시도한다.	①	②	③	④
3	나는 사춘기의 발달 특징을 염두에 두고 자녀와 대화한다.	①	②	③	④
4	나는 자녀가 발달 단계의 다양한 영역을 겪는 데 도움이 될 만한 것을 질문하고 이야기 나눈다.	①	②	③	④
5	나는 말할 기회를 얻기 위해 노력한다.	①	②	③	④
6	감정이 격해지는 상황이 되면 말하기 전에 내가 할 말이 미칠 파장에 대해 생각한다.	①	②	③	④
7	내가 말하는 것만큼 자녀의 말을 귀담아 듣는다.	①	②	③	④
8	자녀가 내게 감정과 고민을 털어놓는다.	①	②	③	④
9	대화가 끊길 때 나는 그 이유를 파악한다.	①	②	③	④
10	나는 대화 중단 상태를 회복하기 위해 노력한다.	①	②	③	④
11	자녀가 화를 낼 때 나는 효과적으로 반응한다.	①	②	③	④

124

번호	질문 내용	거의 그렇지 않다	가끔 그렇다	종종 그렇다	거의 그렇다
12	자녀로부터 공격당하면 이해받을 수 있도록 말로 잘 자신을 설명한다.	①	②	③	④
13	나는 경우에 따라서는 화내지 않고 자녀와 맞서서 '안 된다'고 단호하게 말한다.	①	②	③	④
14	나는 자녀가 존경을 받을 수 있도록 훈련시킨다.	①	②	③	④
15	나는 내 성격이 자녀와의 의사소통에 얼마나 영향을 미치는지 알고 있다.	①	②	③	④
16	교육적 차원에서 나는 자녀에게 지속적인 메시지를 준다.	①	②	③	④
17	나는 청소년들이 부딪히는 중요한 고민들을 의식하고 있다.	①	②	③	④
18	나는 자녀가 고민을 성공적으로 해결할 수 있는 방법을 찾아내도록 도와준다.	①	②	③	④
19	갈등이 생기면 나는 해결을 위한 명쾌한 계획을 추진한다.	①	②	③	④
20	자녀와 갈등하는 동안에도 내 관점을 차분히 밝힌다.	①	②	③	④
21	자녀에게 내 인생의 중대한 결정에 대해 말한다.	①	②	③	④
22	자녀가 선택하기를 바라는 일의 모델이 바로 나다.	①	②	③	④
23	자녀가 부모인 내게 듣고 싶어 하는 메시지를 알고 있다.	①	②	③	④
24	나는 위에 열거한 23가지 모든 노력들을 실천하며, 자녀와 함께하려고 애쓴다.	①	②	③	④

■ 채점 및 해석

부모님의 상황은 어떻습니까? 알고 싶으십니까?

각 항목의 점수를 더한 다음 총점이 아래의 어떤 영역에 속하는지를 보시기 바랍니다.

92 - 96점(대단함)

: 사실 이런 점수를 받는 부모님은 매우 드뭅니다. 자녀도 여러분에게 비슷한 점수를 줄까요? 그렇다면 부모님은 현재 자녀와 바람직한 의사소통을 하고 계십니다.

78 - 91점(훌륭함)

: 제대로 잘하고 계십니다. 기본적인 의사소통 방법을 아는 부모님입니다. 계속 그렇게 하면서 자녀와의 의사소통에서 더 큰 성과를 거두기 위해 노력하십시오.

50 - 77점(괜찮음)

: 자녀와 의사소통하는 즐거움을 누리고 있지만 어느 부분에서는 놓치는 부분도 있습니다. 하지만 성공의 가능성이 충분하므로 포기하지 말고 관계의 변화를 가져 보십시오. 의외로 작은 변화만으로도 큰 소득을 얻을 수 있을 것입니다. 필요한 경우 부모교육을 받아 보시거나 전문상담기관에 조언을 얻어서 의사소통의 방향을 잡는 것도 좋습니다.

24 - 49점(수준미달)

: 혼자 감당하기가 어려우실 것입니다. 자녀가 그런 태도를 보이는 것이 부모님의 책임이 아닐 수 있다는 사실을 명심하시고 낙심하지 마십시오. 의사소통이 효과적이지 않더라도 부모님의 잘못이 아닐 수 있습니다. 단지 부모님은 자기 자신과 자신이 할 수 있는 것에만 책임이 있습니다. 지금 관계가 심각하게 어긋난 상태인 것 같으면 전문가의 도움을 구하십시오. 감정적으로 도움을 받거나 상담을 받는 것이 자녀와의 관계를 증진시키는 데 도움이 될 수 있을 것입니다.

<부록 13>

자녀문제로 힘들어하는 부모님을 위한 웃음 10계명

첫째, 크게 웃어 보십시오

크게 웃는 웃음은 최고의 운동법이며 매일 1분 동안 웃으면 8일을 더 오래 산다고 합니다.

둘째, 억지로라도 웃어 보십시오

웃음은 엄청난 위력을 가지고 있습니다. 웃음이 만드는 면역에는 질병도 무서워서 도망을 갑니다.

셋째, 일어나자마자 웃어 보십시오

아침에, 첫 번째 웃음은 보약 중의 보약입니다. 아침 첫 웃음은 보약 10첩보다 낫다고 합니다.

넷째, 시간을 정해 놓고 웃어 보십시오

시간을 정해 규칙적으로, 운동 삼아 웃으면 아파서 병원 가는 일도 점점 줄어들 것입니다.

다섯째, 마음까지 웃어 보십시오

얼굴표정보다 마음표정이 더 중요합니다. 마음웃기를 연습해 보십시오.

여섯째, 즐거운 생각을 하며 웃어 보십시오

즐거운 웃음은 즐거운 일을 창조합니다. 웃으면 복이 오고 웃으면 웃을 일이 생깁니다.

일곱째, 함께 웃어 보십시오

다른 사람과 함께 웃으면 혼자 웃는 것보다 33배 이상 효과가 좋습니다.

여덟째, 힘들 때 더 웃어 보십시오

진정한 웃음은 힘들 때 웃는 것입니다. 웃을 일이 없을 때일수록 더 크게 웃으시기 바랍니다.

아홉째, 한 번 웃고 또 웃어 보십시오

웃지 않고 하루를 보낸 사람은 그날을 낭비한 것입니다. 단 하루도 낭비하지 마시기 바랍니다.

열째, 꿈을 이뤘을 때를 상상하며 웃어 보십시오

꿈과 웃음은 한집에 삽니다. 이미 꿈이 이루어진 것처럼 상상하면서 웃으면 오래지 않아 꿈은 현실이 됩니다.

〈출처〉 한국웃음연구소

<부록 14>

청소년 인터넷 중독 전문상담기관 목록

번호	지역	기관이름	전화번호
1	수도권	전국 인터넷중독예방상담센터 (대표전화: 1599-0075)	02-3660-2580
2	부산		051-744-7755
3	대구		053-768-7978
4	광주		062-613-5790
5	대전		042-600-3989
6	전북		063-282-2031
7	강원		033-765-7900
8	제주		064-723-2670
9	서울	송파구건강가정지원센터	02-431-0085
10		태화기독교사회복지관	02-2040-1653
11		종로구건강가정지원센터	02-744-1090
12		중구건강가정지원센터	02-2279-3896
13		도봉구정신보건센터	02-900-5783
14		서초YWCA서초지회 청소년상담실	02-599-8462
15		한국컴퓨터생활연구소	02-325-8559
16		복지와 사람들	02-2679-9353
17	경기	부천시청소년상담지원센터	032-325-3002
18		고양시건강가정지원센터	031-969-4041
19		광명시건강가정지원센터	02-2615-0453
20		성남시청소년지원센터	031-750-4692
21		화성시청소년지원센터	031-225-0924
22		시흥시청소년지원센터	031-318-7100
23		수원시청소년상담센터	031-212-1318
24		평택시청소년지원센터	031-656-8442
25		양주시청소년지원센터	031-858-1318
26		안산시청소년지원센터	031-414-1318
27		의왕시청소년지원센터	031-459-1332
28		의정부시청소년지원센터	031-872-2700
29		오산시청소년지원센터	031-372-4004
30		포천시청소년지원센터	031-533-1318

번호	지역	기관이름	전화번호
31	인천	연수구 청소년지원센터	032-819-7308
32		인천남구건강가정지원센터	032-875-2993
33		인천중구건강가정지원센터	032-763-9335
34		인천서구건강가정지원센터	032-569-1545
35		인천시청소년상담지원센터	032-429-5562
36	강원	행복만들기상담소	033-344-1366
37		강릉시정신보건센터	033-651-9668
38		동해시정신건강센터	033-533-0197
39		원주시청소년지원센터	033-734-1388
40		강원도청소년상담지원센터	033-256-2000
41	충남	아산종합사회복지관	041-542-2308
42		공주시청소년지원센터	041-858-1318
43		태안군청소년지원센터	041-674-2800
44		연기군건강가정지원센터	041-862-9336
45		당진군청소년지원센터	041-357-2000
46		홍성군청소년지원센터	041-634-4858
47		충남청소년육성센터	041-554-2000
48	대전	용운종합사회복지관	042-284-5717
49		대전광역시건강지원센터	042-252-9985
50		아라상담연구소	042-368-1613
51		대전광역시청소년상담지원센터	042-257-2000
52	충북	충주여자기독교청년회(YWCA)	043-846-1388
53		제천시정신보건센터	043-646-3074
54		제천시청소년지원센터	043-642-7939
55		청주시청소년지원센터	043-261-0775
56		충주시청소년지원센터	043-842-2007
57	전북	익산시건강가정지원센터	063-838-6046
58		전주대학교 카운슬링센터	063-220-2078
59		고창군청소년지원센터	063-563-6792
60		군산시건강가정지원센터	063-443-5300
61		임실군청소년지원센터	063-644-2000
62	전남	나주시청소년지원센터	061-334-1388
63		광양시건강가정지원센터	061-797-6898
64		장흥군청소년지원센터	061-863-1318
65		해남군청소년지원센터	061-537-1388
66		여수시청소년지원센터	061-663-2000
67		쌍봉종합사회복지관	061-681-7179
68		전라남도청소년종합지원센터	061-287-7601
69		순천시청소년지원센터	061-741-1308
70	광주	시민종합사회복지관	062-571-4100
71		동신대학교종합사회복지관	062-360-1323
72		양지종합사회복지관	062-673-1919

인터넷의 검은 유혹에서 우리 아이 지키기

번호	지역	기관이름	전화번호
73	경북	구미시청소년지원센터	054-472-2000
74		포항시청소년지원센터	054-255-1388
75		경산시정신보건센터	054-816-7199
76		김천시청소년지원센터	054-431-2009
77		영주시청소년지원센터	054-634-1320
78		영천YMCA야사종합사회복지관	054-332-8418
79		칠곡군정신보건센터	054-973-2023
80		청송군청소년지원센터	054-873-7626
81	대구	홀트대구종합사회복지관	053-746-7501
82		청곡종합사회복지관	053-793-9411
83		대구남구정신보건센터	053-628-5863
84		서구제일종합사회복지관	053-353-8310
85	울산	울산광역시건강가정지원센터	052-274-3136
86		울산중구종합사회복지관	052-296-3162
87		울주군천상종합사회복지관	052-248-5861
88	부산	부산시청소년상담지원센터	051-804-5001
89		부산진구청소년지원센터	051-868-0950
90		사하구종합사회복지관	051-293-2688
91		영도청소년지원센터	051-405-5224
92		금정구청소년지원센터	051-581-2072
93	경남	마산종합사회복지관	055-223-9980
94		양산시청소년종합지원센터	055-367-1318
95		거창군청소년지원센터	055-941-2000
96		합천군청소년지원센터	055-930-3911
97		양산시종합사회복지관	055-365-9544
98		옥포종합사회복지관	055-639-8150
99		하동군청소년종합지원센터	055-883-3000
100		사천시청소년종합지원센터	055-832-7942
101	제주	제주대학교 직업능력개발원	064-754-2305
102		탐라대학교 학생생활연구소	064-735-2127

〈출처〉 인터넷중독예방상담센터

<부록 15>

청소년 인터넷 중독 전문치료 병원 목록

번호	지역	병원이름	전화번호
1	강원	연세대학교 원주기독병원	033-741-1263
2	경기	분당 서울대학교병원	031-787-7436
3		관동대학교 의과대학 명지병원	031-810-5405
4		아주대학교병원	031-219-5185
5		가톨릭대학교 의정부성모병원	031-820-3052
6	경북	동국대학교 경주병원	054-770-8500
7	광주/전남	전남대학교병원	062-220-6976
8	대구	경북대학교병원	053-420-5747
9	대전	충남대학교병원	042-220-7280
10	부산	인제대 부산백병원	051-890-6207
11		부산대학교병원	051-240-7307
12	서울	연세대학교병원	02-2228-1633
13		한양대학교병원	02-2292-8427
14		중앙대학교병원	02-6299-1519
15		서울대학교병원	02-2072-3647
16	인천	가천의대 길병원	032-460-3356
17	전북	원광대학교병원	063-850-1030
18	충남	순천향대학교 천안병원	041-570-2012
19	충북	충북대학교병원	043-269-6101

〈출처〉 국가청소년위원회

자녀들에게 유익한 인터넷 사이트

- **홍두깨 선생님의 사이버 교실(http://hongduke.net)**

초등학교 선생님이 초등학생들에게 교육 학습정보를 제공하는 사이트

- **에듀팜(http://www.edufarm.com)**

유치원에 다니고 있는 어린이나 초등학교 저학년 어린이들이 게임하는 것처럼
재미있게 이용할 수 있는 학습사이트

- **아이한자(http://www.ihanja.com)**

쉽고 재미있게 공부할 수 있는 온라인 한자 전문 교육사이트

- **어린이 경찰청(http://kid.police.go.kr/index.jsp)**

경찰청에서 만든 어린이 관련 사이트로 숙제상담, 교통안전 게임 및 교육자료
제공

- **어린이청소년금융교실(http://www.fss.or.kr/kids/index.jsp)**

어린이와 청소년을 위한 금융지도 사이트로 퀴즈와 놀이를 통해 돈과 신용, 금융
에 관한 정보 제공

- 주니어 아이티아(http://jr.aitia.co.kr)

어린이의 경제관념 학습을 위해 재활용을 권장하고 생활화할 수 있도록 도와주는 사이트

- 어린이 경제신문(http://econoi.co.kr)

어린이들이 경제를 쉽게 공부할 수 있도록 입체적인 이미지를 통해 경제를 알리는 사이트

- 어린이민속박물관(http://www.nfm.go.kr/children/index.htm)

어린이들이 다양한 조립모형과 영상자료 등의 전시매체를 이용하여 초등학교 사회교과서에 나오는 민속내용을 체험해 볼 수 있는 사이트

- 깨비의 초등음악감상나라(http://ksnara.zetyx.net)

초등학교 교과과정에 나오는 동요들을 직접 들을 수 있는 홈페이지

- e파란 어린이 환경실천단(http://www.eparan.or.kr)

환경문제를 깨닫고, 환경의 소중함과 자연 속에서 더불어 사는 우리를 느낄 수 있는 기회의 장을 마련한 사이트

- e어린이 환경교실(http://wonju.me.go.kr/edu)

환경청에서 만든 어린이 환경사이트로 환경청에서 하는 일을 알기 쉽게 설명하고, 환경에 관한 퀴즈로 공부를 유도함.

- 엄마와 어린이 함께 있는 좋은 프로그램 정보 YEYE
  (http://www.yeye.or.kr)

칼럼 및 방송 모니터, 프로그램 추천을 통해 유익한 방송 소개

- **GO119 어린이안전학교**(http://www.go119.org)

어린이 안전을 위해 다양한 자료를 제공하며 교통안전, 화재, 가스, 전기, 식품 등 10개 안전학교를 소개하고 그 예방책 등을 보여줌.

- **평등어린이세상**(http://moge.go.kr/kids)

여성부에서 운영하는 홈페이지로 양성평등, 알고 싶은 성이야기, 참여마당, 재미나라 등의 메뉴로 어린이들에게 올바른 성 역할의식을 갖게 함.

- **안녕? 친구야!**(http://www.hifriends.org)

(사)남북어린이어깨동무에서 운영하는 사이트로 북한어린이 평화교육, 북한어린이의 생활, 노래, 언어 및 관련 통일교육자료 등을 소개함.

〈출처〉 정보통신윤리위원회 – 청소년권장사이트

참고문헌

강연주 역/가반도우즈(2001). 「문둥이 성자 다미안」. 바다출판사.

김병오(2003). 「중독을 치유하는 영성」. 이레서원.

김지연·서천석(2004). 「산만한 아이, 진욱이의 집중력 다지기 한판승」. 한울림어린이.

김재서 역 / Donna Rice Hughes(1999). 「사이버 공간의 유혹에서 우리 아이 지키기」. 예영커뮤니케이션.

김영주 역 / 나이토 요시히토(2006). 「아이의 공부본능을 깨우는 부모들의 교육습관」. 프리미엄북스.

김예령 역 / Susie Morgenstern(2000). 「조커 – 학교 가기 싫을 때 쓰는 카드」. 문학과지성사.

김현수 역 / Kimberly S. Young(2000). 「인터넷 중독증」. 나눔의 집.

김현수(2006). 「아이들이 인터넷 게임 때문에 너무 아파요」. 국민출판.

김혜수(2006). 「컴퓨터 습관 중독되기 전에 잡아라」. NEWRUN.

라도삼(2001). 「블랙인터넷」. 자우.

문화관광부·한국게임산업개발원(2005). 「교사, 학부모에게 들려주는 청소년 게임문화 이야기」.

박정규 역 / Marshall Mcluhan(2002). 「미디어의 이해」. 커뮤니케이션북스.

사이버문화연구소(2001). 「Cyber is……」. 역사넷.

신재정 외(2002). 「알코올 전문 치료자가 되는 길」. 하나의학사.

신의진(2005). 「현명한 부모들이 꼭 알아야 할 대화법」. 랜덤하우스중앙.

이경화·김연진(2004). 「부모교육」. 학지사.

이소희 외 역 / Stephen O. Watters(2003). 「인터넷 중독의 이해」. 학지사.

이지영 역 / Gerald G. May(2002). 「중독과 은혜」. IVP.

이영희(2004). 「인터넷에서 내 아이 보호하기」. 길벗.

이요섭(2006). 「내 나이보다 30년 젊게 사는 하루 5분 웃음 운동법」. 팝콘북스.

이형초·심경섭(2006). 「인터넷중독 완전정복」. 시그마프레스.

장동숙 역 / Garry Chapman·Ross Campbell(1998). 「자녀를 위한 5가지 사랑의 언어」. 생명의 말씀사.

전혜성(2006). 「섬기는 부모가 자녀를 큰사람으로 키운다」. 랜덤하우스.

정은영 역/가나모리 우라꼬(2002). 「참히으로 마음이 행복해지는 책」. 주변인의길.
조선일보(2005. 8. 23). 고추먹고 화 식히고 칼국수 먹고 긴장 푼다 "무드 푸드".
주석진(2003). 사이버 섹스중독이 청소년의 성비행에 미치는 영향에 관한 연구,
　　　숭실대학교 대학원 석사학위 논문.
허운나·유영만 역 / Don Tapscott(1999). 「N세대의 무서운 아이들」. 물푸레.
홍윤선(2002). 「딜레마에 빠진 인터넷」. 굿인포메이션.
황상민 역 / Patrica M. Wallace(2001). 「인터넷 심리학」. 에코리브르.
황상민(2002). 「사이버 공간에 또다른 내가 있다」. 김영사.
SBS TV(2006. 8. 16.). 스트레스 받으면 뇌기능 저하.

정보통신윤리위원회 http://www.icec.or.kr/
인터넷중독예방상담센터 http://www.iapc.or.kr/
한국게임산업진흥원 http://www.kogia.or.kr/
정보문화진흥원 배움나라 http://www.estudy.or.kr/
국가청소년위원회 http://www.youth.co.kr
학부모정보감시단 http://www.cyberparents.or.kr
한국웃음연구소 http://www.hahakorea.co.kr
저작권위원회 청소년 저작권 교실 http://1318.copyright.or.kr/
저작권위원회 자유이용사이트 http://freeuse.copyright.or.kr/
저작권 보호센터 http://www.cleancopyright.or.kr/
네이버 저작권 이해하기 http://green.naver.com/legal1.html
문화체육관광부 http://www.copyright.go.kr/

주석진

▌약 력

저자는 오랜 기간 청소년의 인터넷 문제에 관심을 가지고 이를 해결하기 위한 많은 노력을 해 왔다. 한국정보문화진흥원, 알코올·약물상담센터인 복지와사람들에서 인터넷 중독 예방 특강강사와 전문상담원으로 활동했으며 이후, 과천문원중학교에서 3년간 학교사회복지사로도 재직하였다.

현재는 숭실대학교, 그리스도대학교, 서울신학대학교, 한라대학교 등에서 사회복지과목을 가르치고 있으며 한국학교사회복지사협회 기획위원으로도 활동하고 있다.

초판인쇄 | 2010년 5월 28일
초판발행 | 2010년 5월 28일

지은이 | 주석진
펴낸이 | 채종준
펴낸곳 | 한국학술정보㈜
주 소 | 경기도 파주시 교하읍 문발리 파주출판문화정보산업단지 513-5
전 화 | 031) 908-3181(대표)
팩 스 | 031) 908-3189
홈페이지 | http://www.kstudy.com
E-mail | 출판사업부 publish@kstudy.com
등 록 | 제일산-115호(2000. 6. 19)

ISBN   978-89-268-0445-2 13370 (Paper Book)
       978-89-268-0446-9 18370 (e-Book)

이담 Books 는 한국학술정보(주)의 지식실용서 브랜드입니다.